Elias Johannes Benedikt

Spirituelle Verwirklichung
nach der Philosophie
des Kashmir Shaivismus

Elias Johannes Benedikt

Spirituelle Verwirklichung nach der Philosophie des Kashmir Shaivismus

© 2016 Elias Johannes Benedikt
Illustration: Elias Johannes Benedikt
Herstellung und Verlag: BoD – Books on Demand, Norderstedt
ISBN: 978-3-7519-4933-0

Inhalt

Buch 1: Pratyabhijnahrdayam - das Herz der Selbsterkenntnis

Buch 1: Pratyabhijnahrdayam – Das Herz der Selbsterkenntnis

I Sein und Wirklichkeit

Ab- und Aufstieg von Göttlichem und individuellem Bewußtsein

1. Letzte Wirklichkeit
2. Das Universum oder der Weltprozeß
3. Sadashiva
4. Das individuelle Selbst
5. Gebundenheit
6. Befreiung

1. Letzte Wirklichkeit

Der Shaivismus bestimmt die Wirklichkeit in ihrem letzten, endgültigen Sinn als Cit oder Parasamvit. *Cit* oder Parasamvit wird mit „Bewußtsein" übersetzt. Das englische Wort für Bewußtsein – „Con-sciousness" – weist in seiner Konnotation auf die Beziehung zwischen einem Subjekt und einem Objekt hin, auf die Zweiheit von Erkennendem und Erkanntem. Cit ist jedoch absolut frei von Beziehungen und Zweiheit; es bildet keine Relation, sondern das *unwandelbare Prinzip* aller stets im Wandel befindlichen Erfahrungen. Es ist reines und *unmittelbares Gewahrsein*. Darin sind weder ein „Ich" noch ein „Das" unterscheidbar. Es ist die Verschmelzung von „Ich" und „Das" in ein unteilbares Ganzes. In Ermangelung eines besseren Ausdrucks können wir sagen, daß die letzte Wirklichkeit oder das höchste Selbst Selbst-Gewahrsein ist, ein Selbst, das um sich selbst weiß (Engl. „Self *Sciring Itself*"). Mit den Worten des Pratyabhijna Sastra ist es *prakasa-vimarsa-maya*. Das höchste Selbst wird Parama Shiva genannt. Das ist *prakasa* in der Bedeutung von Licht, Leuchten oder Erleuchtung. Wie Licht macht es jeden Gegenstand sichtbar; einfach indem es vorhanden ist, tritt mit ihm auch alles andere in Erscheinung. In den Worten des

Kathopanishad: „*Tvameva bhantam anubhati sarvam, taya bhasa sarvamidam vibhati*", d.h. „Wenn es scheint, scheint alles. Allein durch sein Licht tritt alles in Erscheinung." Die Sonne ist „prakasa", und sogar ein leuchtender Diamant ist „prakasa".

Nun ist die letzte Wirklichkeit aber nicht nur *prakasa*, sondern auch *vimarsa*. Was bedeutet vimarsa? Die letzte Wirklichkeit ist nicht nur Licht des Bewußtseins (prakasa), sondern ein Bewußtsein, das um sich selbst weiß (*vimarsa*). Es ist nicht einfach *prakasa*, das regungslose Dasein eines leuchtenden Diamanten, sondern es ist seiner selbst bewußt. Dieses Wissen um sich selbst, dieses Selbst-Gewahrsein als letzte Wirklichkeit, heißt *Vimarsa*. Es ist „akrtrimaham iti visphuranam", *unmittelbares Gewahrsein des Ich*. (Ksemaraja: Parapravesika (S.2)) Wäre die letzte Wirklichkeit ausschließlich *prakasa* und nicht zugleich vimarsa, so wäre sie verborgen und ohne Kraft. Nur das reine Selbst-Gewahrsein, das Ich-Bewußtsein oder *Vimarsa* ist verantwortlich für die Entstehung, Erhaltung und den Zerfall des Universums.

So ist *prakasa* das Licht des Bewußtseins des Selbst, in dem alles was ist als Seiendes erscheint, vimarsa aber das reine Gewahrsein, insbesondere der Gewahrsam des Selbst.

Cit weiß um sich selbst als *Cidrupini Shakti*. Dieses Um-sich-selbst-Wissen als *Cidrupini Shakti* ist *Vimarsa*. *Vimarsa* wird auch unterschiedlich benannt als *parashakti, paravak, hrdaya, Spanda etc.* (s. Parapravesika S.2) Die Alten Griechen nannten es den absoluten Geist oder νους □ □Nous). Cit ist nicht nur Universelles Bewußtsein, sondern auch Universelle Energie oder Kraft. Dieses allumfassende Universelle Bewußtsein wird auch Brahman oder Satchitananda genannt. Es bildet das höchste absolute Sein und Bewußtsein, dem nur noch Anuttara, das alltranszendente Absolute, als dessen überseiender Ursprung voraus geht. Während Anuttara – das platonsche Hen oder chinesische Tao – überseiend ist, ist Cit oder Brahman die höchste Wirklichkeit schlechthin. Zugleich transzendent (*visvottirna*) und immanent (*visvmaya*), liegt es aller Wirklichkeit zugrunde, ist das unwandelbare Prinzip aller Manifestation. Das Selbst oder reine Ich-Bewußtsein ist das *fons et origo* des gesamten

Weltenlaufs. Das Universum ist nichts anderes als eine Aufrollung oder Expansion des Logos. bzw. der Einheit von Shiva und Shakti.

2. Manifestation des Universum – oder der Weltenlauf

Die letzte Wirklichkeit oder das Universelle Bewußtsein ist nicht einfach leer, sondern erfüllt von der unendlichen Vielfalt der Eide und Ideen. Sie ist Seinsvollkommenheit und Fülle schlechthin. Sie besitzt unendliche Kräfte und enthält in der potentiellen Form der reinen Ideen alles, was irgend möglich sein könnte. Die Natur (Svabhava) der letzten Wirklichkeit ist Produktivität. Sie bringt permanent energetisch zur Manifestation, was sie ideell in sich trägt. Würde sie nicht manifestieren, so wäre sie nicht länger Bewußtsein oder Selbst, sondern etwas Objektartiges oder Nicht-Selbst. Wie Abhinavagupta es ausdrückt: „Würde die Höchste Wirklichkeit nicht in unendlicher Variation beständig Fülle und Vielfalt hervorbringen, sondern regungslos im Dasein ihrer solitären Einzigartigkeit verharren erstarren, dann wäre es weder die Höchste Kraft noch Bewußtsein, sondern nicht mehr als ein unbewegliches Gefäß.“

Wir sagten, daß die letzte Wirklichkeit „*prakasa-vimarsamaya*" sei. In diesem Status sind das „Ich" und das „Das" noch in ununterschiedener Einheit vereint. Das „Ich" entspricht dem „*prakasa*"-Aspekt, und das „Das" als Bewußtsein oder Anblick seiner selbst - entspricht dem „*vimarsa*"-Aspekt. Dieses *Vimarsa* ist *Svatantrya*, Absoluter Wille oder *Shakti*. Shakti wird im *Parapravesika* von Ksemaraya *hrdayam paramesituh* – „das Herz des Höchsten Gottes" genannt. Aber Shakti ist lediglich ein anderer Aspekt des Höchsten Selbst. In der Höchsten Erfahrung, dem sogenannten *Tat* oder „Das", gibt es nichts anderes als das Selbst. Da gibt es nur das eine Selbst, das sich selbst erfährt. Shakti ist nicht ohne Inhalt, sie ist das Eine, das alles enthält, was je ins Sein treten kann.

Es steht geschrieben: „So, wie der große Banyanbaum im Samen lediglich in Form von Möglichkeit angelegt ist, so liegt das gesamte

Universum mit all den bewegten und unbewegten Wesen und Dingen als Möglichkeit im Herzen des Höchsten". (Paratrimsika 24)

Das gesamte Universum ist in der Shakti des Höchsten enthalten. Das Universum liegt als schlafendes Potential im Mutterleib der Shakti. Die Shakti des Höchsten wird auch *Cit-Shakti, Citi* oder *Para-Shakti* genannt.

In seiner Urform als *Sat* oder absolutes Sein wird Satchitananda-Brahman auch Parama Shiva genannt. Parama Shiva besitzt eine unendliche Fülle und Vielfalt von Shaktis in sich, wovon die folgenden fünf (Panca-Shaktis) als die wichtigsten betrachtet werden:

1. *Cit* – ist die Kraft reinen Ich-Bewußtseins oder Selbstgewahrseins, in dem der Höchste leuchtet (prakasa) und Sich Selbst wahrnimmt (vimarsa). In diesem Aspekt ist der Höchste als Shiva bekannt.

2. *Ananda* – ist absolute Glückseligkeit. Ananda, die ja aus sich herausgehende Kraft und Offenbarung ist, wird als solche auch absoluter Wille oder *Svatantrya* genannt – Es ist absoluter Wille, der in der Lage ist, alles Denkbare ohne äußere Hilfe aus sich zu wirken und hervorzubringen. *(Svatantryam ananda Saktih: Tantra-sara-Ahn. 1)* In diesem Aspekt ist der Höchste als Shakti bekannt. *Cit* und *Ananda* bilden gleichsam die innere Natur oder das Wesen – *svarupa* des Höchsten. Alles Übrige wollen wir seine Shaktis nennen.

3. *Iccha* – ist der Wille, dies oder jenes zu wirken oder hervorzubringen. In diesem Aspekt ist Er als Sadashiva bekannt.

4. *Jnana* – ist die Kraft der Erkenntnis. In diesem Aspekt ist Er als Isvara bekannt.

5. *Kriya* – ist die Kraft, alles und jede Form anzunehmen *(Sarvakarayogitvam Kriyasaktih: Tantrasara Ahn. 1)*. In diesem Aspekt wird Er als *Sadvidya oder Suddha Vidya* (Höchste Erkenntnis oder Allwissen) genannt.

Das Universum ist nichts als eine Entfaltung *(unmesa, explicatio)* oder ein Heraustreten *(prasara)* des Höchsten als manifestierte Energie oder Shakti.

I. Die Tattvas der Universalen Erfahrung: 1 – 5

(Das Wort „Tattva" bedeutet die „Dasheit" eines Gegenstandes. Am nächsten kommt ihm das deutsche Wort „Prinzip".)

Parama Shiva hat zwei Aspekte inne; er ist zugleich transzendental (*visvottirna*) und immanent. Während er in seiner transzendenten Form unfaßbar ist, ist er in seiner Immanenz schöpferisch bzw. kreativ (*visvamaya*) und damit offenbar. Dieser kreative Aspekt Parama Shivas wird *Shiva Tattva* genannt.

1. *Shiva Tattva* ist die uranfängliche, schöpferische Bewegung (*prathama spanda*) Parama Shivas. Wie in *Sattrimsat-tattva-sandoha* gesagt wird: „Wenn Anuttara oder das Absolute durch Sein *Svatantrya* oder den Absoluten Willen empfindet und intendiert, das in ihm (in Form der Eide und Ideen als Samen) enthaltene Universum heraustreten zu lassen, so wird diese erste Vibration oder das erste Pochen dieses Willensimpulses Shiva genannt." Entsprechend unserer westlichen Erfahrung und Offenbarung nennen wir Ihn JHWH – den Seienden.

2. *Shakti Tattva* ist die schöpferische Energie Shivas (JHWHs). Diese kreative Energie bzw. schöpferische Kraft Gottes wird auch als Wort Gottes oder Logos bezeichnet Shakti tritt anfangs in ihrem Jnana-Aspekt als Prinzip der Verneinung (*nisedha-vyapara-rupa*) hervor. Das ist dialektisch als Setzung und Gegensetzung eines Seienden als Seiendes zu verstehen. Jedes geschaffene Seiende ist ja eine Mischung oder ein Mittleres zwischen Sein und Nicht-Sein, als Thesis und Antithesis seines transzendetalen Urbildes oder Prinzips. Zuerst negiert Shakti das „Das" oder die objektive Seite der Erfahrung in Shiva. (In ihrem Status von „daat" (Wissen) ist es das Prinzip von Verneinung jedweder „Dasheit". Dies beinhaltet als Leerung des Selbst von Sich Selbst, gleichzeitig die Öffnung eines leeren Raumes oder einer Leere (Vohu), in die ein relatives Seiendes überhaupt erst gesetzt werden kann. Der Status, in dem Objektivität negiert wird, wird die allerletzte Leere (Sanskrit: Sujata, Hebräisch: „ajin", Englisch: „No-thing-ness") genannt.) In Cit oder Para Samvit

bilden das „Ich" und das „Das" noch eine ununterscheidbare Einheit. In Shiva Tattva dagegen wird das „Das" schon durch das Eingreifen Shakti Tattvas hinterzogen, so daß die „Ich"-Seite der Erfahrung allein verbleibt. Dieser Status wird von Ksemaraja *Ansrita-Shiva* genannt. Das bildet einen Zustand des Verzichts oder der Entsagung. „In diesem Status erscheint Shiva als bloßes „Ich", bar jeder objektivierbaren Bestimmung. Damit Shiva als Universum hervortreten kann, ist ein Bruch innerhalb der Einheit des reinen Gewahrseins im Sinne einer Selbstentzweiung des Bewußtseins notwendig, wenn auch nur in temporärer Form. Der von jedem objektivierbaren Inhalt losgelösten Subjektivität präsentiert sich das Universum wiederum nicht als ununterscheidbare Einheit, sondern als ein Verhältnis von „Ich – Das", in dem wohl beide zu erkennen, nicht aber zu trennen sind, da sie beide Anteile desselben Selbst bilden. Das heißt aber, daß es Shakti bzw. der Logos selbst ist, der das undifferenzierte Universelle Bewußtsein in *Aham* und *Idam* (Ich und Das) – Subjekt und Objekt polarisiert. Das ist es, was als Subjekt-Objekt-(*drg-drsia*) Scheidung bezeichnet wird.

Shakti ist hierbei aber nicht von Shiva getrennt, sondern ist sie darin sogar Shiva selbst in Seinem schöpferischen Aspekt. Sie verkörpert sowohl Sein *Aham-vimarsa* (Ich-Bewußtsein), als auch Sein *unmukhata* (Seine Intention) hervorzubringen. Wie Mahesvarananda sagt: „"Er (Shiva) Selbst, verzückt in der Betrachtung des Honigs der drei Ecken seines Herzens, Iccha (oder Wille), Jnana (oder Wissen) und Kriya (oder Handlung), in der Er Sein Antlitz erhebt und Seine Pracht erschaut, ist Er Shakti genannt. In dem Moment, in dem Er die Absicht verspürt, die ganze Pracht des Universums zu entrollen, das Er in keimhafter Form in Seinem Herzen trägt, wird Er als Shakti bezeichnet." (*Maharthamanjari (S. 40, Trivandrum Edition)* So ist Shakti die Verkörperung Seiner Absicht, die Schöpfung hervorzubringen. Shakti ist ja der dynamische schöpferische Aspekt des Reinen Bewußtseins.

Ein ähnlicher Gedanke findet sich im Chandogyopanisad (6.2 1-3): „Zuerst (logisch, nicht chronologisch) gab es nur „Sat" (Sein) – ganz allein ohne ein Zweites. Er schaute um Sich und dachte bei Sich

„Möge ich viele sein, möge ich Neues erschaffen!'" Genauso wie ein Künstler sein Talent nicht in sich zurückhalten kann, sondern es herausbringt und in ein Lied, ein Bild oder ein Gedicht verwandelt, ebenso läßt der Höchste Künstler die köstlichen Wunder Seiner Begabungen hervorquellen und prägt sie in Manifestation oder Schöpfung. Ksemaraja verleiht diesem Gedanken Ausdruck in seinem Kommentar zu Utpladevas *Strotravali:*

„Shakti, durch unbändiges Entzücken zur Offenbarung gezwungen, läßt Sich Selbst in mannigfaltige Manifestationen verströmen." Alle Manifestation ist daher nur ein Prozeß der Wahrnehmung und Entfaltung des kreativen, geistigen Potentials Shivas. In Shakti Tattva ist der *ananda*–Aspekt – die Ekstasis des Seins – des Höchsten vorherrschend.

Shiva und Shakti *Tattva* können niemals entzweit werden; sie bleiben für immer vereint, sowohl in der Schöpfung, als auch in der Auflösung – Shiva als der wahrnehmende Aspekt, der sich Selbst als reines „Ich" gewahrt, und Shakti als substantielle Liebe und Glückseligkeit. *Shiva-Shakti-Tattva* ist also keine Emanation oder *abhasa*, sondern der Same aller Emanation in Cit oder Para Brahman.

3. Sadashiva oder Sadakhya Tattva

Der Wille (Iccha), der die „Das"–Seite oder die „Universelle Wahrnehmung" manifestiert, ist als *Sadashiva Tattva* bekannt. In Sadashiva ist Iccha oder der Wille vorherrschend. Die Wahrnehmung ist auf dieser Ebene „Ich bin". Da „bin" oder „seiend" auf dieser Ebene konstatiert ist, wird es *Sadakhya Tattva* („Sat" in der Bedeutung von „Sein") genannt. Aber „bin" impliziert „das" (Ich *bin*, aber „*bin*" was? – Ich bin „das"). Die Wahrnehmung auf dieser Ebene ist daher „Ich bin das", wobei aber das „Das" nur vage wahrgenommen wird (*asphuta*), noch keine Formbestimmung hat. Die vorherrschende Seite ist immer noch die des „Ich". Das Geistige Universum wird in der Tiefe des Bewußtseins als etwas erst Angedeutetes erfahren, und daher wird es „*nimesa*" genannt.

Das „Das" (*Idam*) wird vom „Ich" (*Aham*) als ein Teil des Einen Selbst nur schwach gesehen; die Betonung liegt hier deutlich auf der „Ich"-Seite der Wahrnehmung. Das „Das" (*Idam*) oder das objektivierbare Universum gleicht in diesem Stadium der schwachen Vorstellung eines Bildes, die ein Maler zu Beginn seiner schöpferischen Tätigkeit hat. Noch befindet sich seine Arbeit in einem ideellen Stadium (im Stadium einer Idee). Folglich dominiert in diesem Stadium der Wille. Daher sagt Ksemaraya in seinem *Pratyabhijnahrdayam*: In *Sadashiva* ist das Universum *asphuta* oder verschwommen, es wird dominiert von einem dominierenden Bewußtsein des „Ich". *Sadashiva Tattva* ist die erste Manifestation (*abhasa*). Für *abhasa* oder die Manifestation muß es einen Wahrnehmenden auf der einen Seite und etwas Wahrgenommenes auf der anderen geben, ein Subjekt und ein Objekt also. Dabei sind beide Seiten an ihre Identifikation mit dem Bewußtsein gebunden, denn tatsächlich sind sie nichts Anderes als dieses selbst. In diesem Aspekt wird das Bewußtsein jedoch für Sich Selbst wahrnehmbar, nämlich als Subjekt und Objekt.

4. Isvara oder Aisvarya Tattva

Die nächste Stufe der Göttlichen Erfahrung ist die, auf der *Idam* – die „Das"-Seite der ganzheitlichen Erfahrung – schärfer hervortritt (*shuta*). Sie ist bekannt als *Isvara Tattva*. Sie ist *unmesa* oder das *ausgestaltende Erblühen* des Universums. Auf dieser Ebene, der objektiven Seite der Erfahrung, ist das „Das" klar definiert, weshalb *Jnana-Shakti,* Erkenntnis, vorherrschend ist. Hier gibt es die klare Vorstellung von dem, was zu erschaffen ist. So, wie ein Künstler zunächst nur eine blasse Vorstellung von dem Bild besitzt, das er malen will, dieses aber später vor seinem inneren Auge immer deutlicher wird, so bildet auch das Universum auf der Ebene von Sadashiva zunächst nur eine vage Vorstellung, die sich dann zunehmend auf der Isvara Stufe präzisiert. Die Erfahrung von Sadashiva heißt „Ich bin das", die Erfahrung von Isvara dagegen:

„Das bin ich." Diese Erfahrung sucht der Meditierende in der Invokation des Mantras "Ham-sa" bzw. "So-ham" zu erwecken.

5. Sadvidya oder Suddhavidya Tattva

In *Sadvidya Tattva* sind die „Ich"- und „Das"-Seiten der Wahrnehmung ebenso ausbalanciert wie die beiden Schalen einer Hebelwaage die sich exakt auf der gleichen Höhe befinden (*samadhrtatulaputanyayena*). Auf dieser Stufe herrscht Kriya Shakti vor (die Bereitschaft zum Erschaffen). Das „Ich" und „Das" werden hier in solcher Klarheit gesehen, dass sie beide, obwohl noch als „Ich" und „Das" identifiziert, doch gedanklich klar unterschieden werden können. Die Wahrnehmung auf dieser Ebene könnte man „Zweiheit in der Einheit" nennen (*bhedabhedavimarsanatmaka*), während das „Das" vom „Ich" klar zu unterscheiden ist, ist es dennoch als Teil des „Ich" oder Selbst zu erkennen. Beide, „Ich" und „Das", beziehen sich auf dieselbe „Sache" (sie besitzen *samanadhikaranya*).

In *Shiva Tattva* vollzieht sich die Ich–Wahrnehmung, (*Aham vimarsa*), in *Sadashiva* die Ich-Das-Wahrnehmung (*Aham-idam vimarsa*), in *Isvara Tattva* die Das-Ich-Wahrnehmung (*Idamaham vimarsa*). In jeder dieser Erfahrungen liegt die Betonung auf dem ersten Wort.

In *Suddhavidya Tattva* ist beides gleich betont (*Aham Aham – Idam Idam* – Ich bin Ich – Das ist Das). Da es sich hier um eine vermittelnde Wahrnehmung handelt, – sie vermittelt zwischen *para*; dem Höheren, und *apara*, dem Niedrigeren – wo es das Gefühl eines Unterschiedes gibt, wird sie *parapara dasa* genannt.

Es heißt *Sadvidya* oder *Silddhavidya*, weil auf dieser Ebene die wahre Beziehung der Dinge zueinander erfahren wird.

Bis zu dieser Ebene ist alle Wahrnehmung ideell, d.h. in der Form einer Idee. Bis hierher wird sie die perfekte oder „reine Ordnung" (*Suddhadhvan*) genannt, d.h. eine Manifestation, in der die *svarupa* oder reale Natur des Göttlichen noch nicht verschleiert ist. Im

Hebräischen heißen diese veränderlichen internen Ebenen des Göttlichen Bewußtseins *Zahzahot*.

Der Status von Sein und Bewußtsein jenseits einer vorherrschenden „Das"-Seite heißt letzte Leere oder Leerheit (Engl.: No-thing-ness). Im Hebräischen ist es zunächst „Ajin", später, wenn ein Raum für die Schöpfung geschaffen wird, „Ajin Sof", das Unendliche.

Nach Plato können wir den Raum dieser Wahrnehmungsebenen von Bewußtsein und Selbstgewahrsein als die Welt der reinen Ideen bezeichnen. Sie erlaubt dem Selbstgewahrsein ein inneres Gleiten von Ebene zu Ebene, vom „Ich-Ich" durch die Vereinzelung „Ich", „Ich bin", „Ich bin Das", „Das bin Ich", „Ich bin, was Ich bin" – bis hin zu „Ich bin Ich und Das ist Das". Der Gleichgewichtsstatus ist von höchster Spannung, direkt vor dem Urknall, bevor sich Gott in der Großen Invokation des *Ehjeh Asher Ehjeh* – des „Ich Bin Der Ich Bin" als Sich Selbst und damit als das Haupt und der Beginn (Bereshit) des Universums, dem Anfang von All und allem ausruft.

Dies ist die Ebene und der Status, von dem der Sohar sagt: „Im Anfang als der Wille des Königs zu wirken begann, grub Er Zeichen in Seine himmlische Aura. ... Ein Quell hob an... und durchbrach und durchbrach doch nicht die ihn einhüllende Aura ... bis, infolge der Wucht seines Durchbruches ein Punkt aufblitzte, ein verborgen himmlischer. *Über diesen Punkt hinaus ist nichts erkennbar* und darum ist er ‚*Reshit*', Anfang (Keter) genannt. ... Und das ist das Geheimnis des Verses: „Heiliger Same ist ihre Wurzel." Dies ist der erste oder uranfängliche Punkt – „Nekudah Reshunah" oder Mahabindu genannt.

Diese Stufe ist die Linie des Horizonts zwischen dem Ungeschaffenen und dem Geschaffenen, dem Ewigen und dem Zeitlichen, dem Formlosen und dem Geformten, zwischen dem το ον und den οντα.

II Die Tattvas der Begrenzten oder Individuellen Erfahrung

6: Maya Tattva

Auf dieser Stufe beginnt *Maya* ihr Spiel. Von hier an beginnt nach unten *Asuddhadhvan* oder der Schleier zu wirken, hinter dem die wahre Natur des Göttlichen verborgen ist. Verborgenheit beinhaltet Beschränkung und Begrenzung. Es ist Cit oder das Bewußtsein, das sich im Akt der Schöpfung selbst beschränkt. Selbsteinschränkung ist eine notwendige Bedingung von Selbstoffenbarung und Schöpfung. Enthüllung und Verbergung gehen Hand in Hand. In der hebräischen Tradition ist dieser Prozeß Zimzum genannt, der Akt der Selbsteinschränkung Gottes, der sowohl die Verhüllung als auch die Offenbarung Gottes – auf Hebräisch „He'elem ve-gilui" – beinhaltet.

Die in Erscheinung tretenden Qualitäten sind es, die die Verschleierung bzw. Verhüllung des absoluten Seins verursachen. Das Bewußtsein ist nun im Begriff, sich zu qualifizieren. Die Seite des „Das" wird durch Qualitäten ausdifferenziert. Das nennt man den Übergang vom unqualifizierten zum qualifizierten Brahman.

Differenzierung erschafft Vielfältigkeit und Besonderheit (Individualität). Von hier an entstehen Mengen, Maße, Formen und Namen, und all dies geschieht durch Maya und ihre *Kancukas*. Maya wird von „ma" abgeleitet im Sinne von „abmessen". Dasjenige, welches Erfahrung messbar und eingrenzbar macht, was „"Das" von „Ich" trennt und „Ich" von „Das", was eines vom anderen ausschließt, das ist Maya. Bis zu Sadvidya war die Wahrnehmung universell; das „Das" bedeutete „All-Das" – das gesamte Universum.

Unter dem Einfluß von Maya meint „Das" nun lediglich „das" als verschieden von irgendeinem anderen Ding. Es bedeutet „dies und das". Von nun an beginnt *Sankoca* oder Begrenzung. Maya zieht einen Schleier (*Avarana, Pargod*) von unterschiedlichen Qualitäten über das Selbst (=*Adyta*, das sanctum sanctorum) und beginnt infolgedessen seine wahre Natur zu vergessen, und so ruft Maya ein Gefühl der Andersartigkeit hervor, das Gefühl, nicht „Das" oder „Das bin Ich" zu sein.

Die fünf Kancukas (Schleier) von Maya

Zunächst gibt es fünf verschiedene Aspekte von *Maya*. Sie werden die fünf *kancukas* oder Schleier genannt. Ihr Effekt zeigt sich in einer fundamentalen Hinterziehung oder Begrenzung gewisser grenzenloser Aspekte der Göttlichen Wirklichkeit oder des Bewußtseins. Sie sind:

7. *Kala.* Dies reduziert *sarvakartrtva* (Omnipotenz oder universelle Urheberschaft) des Universellen Bewußtseins und schafft Begrenzung hinsichtlich der Urheberschaft oder Wirksamkeit.

8. *Vidya.* Dies reduziert die Allwissenheit (*sarvajnatva*) des Universellen Bewußtseins und schafft die Begrenzung hinsichtlich des Wissens und des Gewahrseins. Von hier an nimmt die falsche Identifikation ihren Lauf, die fälschlicherweise das Nicht-Selbst (Erscheinung, Individualität, Körper usw.) für das Selbst hält und das Selbst für das Nicht-Selbst. Die Identität wird verkürzt und begrenzt, und ein Gefühl der Unvollkommenheit beginnt.

9. *Raga* Dies reduziert die komplette Ganzheit *(purnatva)* des Universums und bringt ein Gefühl der Unvollkommenheit und des Mangels hervor, die Erkenntnis des Mangels wiederum den Wunsch nach diesem und jenem. Von hier an entstehen durch Beschränkung und Begrenzung der Fülle Begierden und Wünsche nach verschiedenen Dingen, z.B. ich möchte mich an diesem erfreuen, ich möchte das besitzen usw.

10. *Kala* Dies reduziert (das Gefühl von) Ewigkeit *(nityatva)* und Unzerstörbarkeit des Universellen Selbst, es bringt die Begrenzung hervor im Sinne von Zeit und unterteilt sie in Vergangenheit, Gegenwart und Zukunft. Hierin haben Angst und Sorge ihren Ursprung.

11. *Niyati* Dies reduziert die Freiheit und Allgegenwart *(svatantrata* und *vyapakatva)* des Universums, begrenzt seine Präsenz, Unmittelbarkeit und Freiheit von kausaler Bewegung und läßt die Begrenzung entstehen hinsichtlich von Ursache und Raum. Hier beginnt die Erfahrung von Gewicht, Getrenntheit und Gebundenheit.

Alles Geschaffene ist zugleich Einheit und Vielheit: es ist ein gegliedertes Ganzes, ein differenziertes Eines. Es ist nicht einfach wie der Ursprung und Grund des Geschaffenen, sondern differenziert und mannigfaltig. Und als solches hat es Anteil an den vier allgemeinen Prinzipien, die allem Geschaffenen und Gewordenen zugrunde liegen. Diese sind:

Raum,

Zeit,

Individualität (Partikularität, Materialität (Substance))

& Kausalität –

auf Sanskrit: Desha, Kala, Anu, Nimitta.

In den Naturwissenschaften – insbesondere der Physik – sind es Raum, Zeit, Materie und das Kausalgesetz.

In der Psychologie sind es Raum, Zeit, Individualität und Schicksal (Karma).

III Die Tattvas des Begrenzt-Individuellen: Subjekt – Objekt

Purusa und Prakrti

Für Pratyabhijna wirken Shiva und Shakti gleichzeitig und vereint. Das eine kann nicht ohne das andere sein. Während sich Shiva verbirgt, offenbart und bewegt Shakti Seine verborgene Fülle in Gestalt des Universums aus und nach ihrem unabhängigen Willen. Das wird „Svatantra", Selbstmanifestation, genannt.

Das Universum als Manifestation des Logos (Shaktis) erscheint im Reinen Bewußtsein Paramashivas gleich Bildern in einem Spiegel. Und wie Bilder im Spiegel nicht ohne diesen bestehen können, so kann auch die Welt keine vom Allbewußtsein unabhängige Existenz haben. Nach dieser Lehre ist „Svatantra" eine Eigenschaft des Absoluten: Wie das Bild im Spiegel hat auch die Welt keine von Shiva unabhängige Existenz.

Der Anfang aller Bewegung und Manifestation ist ein einzelner Punkt. Die Shaiva-Tradition nennt ihn Mahabindu, die Kabbalah

Nekudah Reshunah – Urpunkt. Mahabindu, der kosmische Urpunkt, versinnbildlicht den Zustand höchster Sammlung und Konzentration der schöpferischen Kräfte aus der verschränkten Einheit von Shiva und Shakti, wiewohl auch den Samen und die Wurzel des Universums (natura naturata), gezeugt und empfangen im Schoß (Matrix) der Urmutter (natura naturans) aus dem transzendenten Wesen Shivas.

Indem sich Shiva selbst der Macht von Maya als dem Schleier der Manifestation unterwirft, und sich mit den fünf Kancukas oder Hüllen ummantelt und damit Seine unbegrenzte Fülle und Kraft begrenzt, wird Er zu Purusha, dem universellen bzw. individuellen Subjekt, zu Weltseele bzw. individuellem Wesen. Purusha bezeichnet nicht nur eine menschliche Person, sondern jedes empfindende Wesen, dessen Bewußtsein in solcher Weise verhüllt ist.

Sowohl „Purusha" als auch „Prakriti" sind Emanationen Mahabindus, bzw. der Einheit Shivas und Shaktis. In Shaivistischer Diktion, die Maya als Manifestation der zweiarmigen Shakti darstellt, schenkt Maya-Shakti mit ihrer Linken die Verzückung der Verzauberung (Sukha, Dukha, Moha), mit der Rechten aber die Gnade der Offenbarung und Befreiung. Hierbei entsprechen die beiden Arme „Vikshepa"- und „Anugraha"-Shakti, also den eben genannten Mächten der Selbst-Verhüllung (und Projektion) und der Selbst-Offenbarung.

Alle Schöpfung ist ein Akt der Ver- und Enthüllung der wahren Natur von Shiva-Shakti. Das ist das Lila Shivas, das Spiel des Universellen Bewußtseins (Cit-Shakti-Vilas), als „display" seiner kosmischen Maya.

Nach der Auffassung der Shaiva- oder Trika-Tradition ist Purusha geschaffen, ununterschieden-unterschieden (abheda-bheda), unendlich-endlich, ewig-zeitlich und unvollkommen (bedeckt von den drei Malas). Prakrti ist differenziert (bheda), begrenzt und veränderlich. Für sie gilt der Satz: „Alles Geschaffene ist zusammengesetzt, bzw. was zusammengesetzt ist, ist notwendig geschaffen." Denn nur das Erste, Ungeschaffene und Ursprüngliche ist absolut einfach und nur als solches kann es auch Grund und

Ursprung alles Geschaffenen und Vielfältigen bzw. Zusammengesetzten sein.

Purusha ist derjenige (*Bhokta*), der Erfahrungen macht, Prakrti (*Bhogya*) ist das, was erfahren wird. Das Subjekt der Erkenntnis heißt Pramatr, die Erkenntnis selbst Pramana, das Objekt der Erkenntnis aber Prameya.

Während *Purusha* die subjektive Manifestation der „Ich bin das"-Erfahrung von *Sadvidya* darstellt, ist *Prakrti* die objektive Manifestation des „Das bin ich". Nach *Trika* ist *Prakrti* der objektive Effekt von *Kala*. (*Tantral., Ahn.9*)

Prakrti ist die reinste Objektivität im Gegensatz zu *Purusha*, dem Subjekt oder *Vedaka*. Es gibt einen Unterschied zwischen den Vorstellungen von *Prakrti* bei Sankhya und bei Trika. Samkhya glaubt, daß *Prakrti* einheitlich und universal ist für alle *Purushas,* während Trika meint, daß jeder *Purusha* eine andere Prakrti besitzt. *Prakrti* ist die Wurzel oder Matrix dessen, was sich als objektive Welt – als das von einem Subjekt als Objekt manifestierte Gegenüber.

12. Purusa Tattva

Der individuelle Purusha wird auch *Anu* genannt, was wörtlich Punkt (oder Atom) heißt. Es kann ebenfalls als Funke oder Same Gottes übersetzt werden. Purusha wird wegen der Begrenzung der in ihm verankerten göttlichen Vollkommenheiten *Anu* genannt. Wenn das Göttliche durch Maya Sein wahres Selbst verhüllt und den Status eines begrenzten Wesens annimmt, wird es als Purusha oder lebende Seele bezeichnet – im Hebräischen aber als Neshama (von Nishmat – Atem). In den Schriften heißt es: Neshamah or JHWH – die Seele ist Licht von Gott. Auf dieser Stufe ist *Sarvakartrva* oder die Allmächtigkeit des Göttlichen auf *Kala* oder die begrenzte Urheberschaft reduziert, Sein *Sarvajnatva* oder die Allwissenheit auf *vidya* oder begrenztes Wissen, Sein *Purnatva* oder die vollkommene Erfüllung ist reduziert auf *Raga* oder Wunsch und Begierde, Sein *Nityatva* oder die Ewigkeit auf *Kala* oder die Zeiteinteilung; Sein *Vyapakatva* oder die Allgegenwart ist reduziert auf *Niyati,* die räumliche Begrenzung, oder Sein *Svatantrya* auf das Verhältnis von Ursache und Wirkung.

Diese Begrenzung wird *Anu* genannt, Göttlicher Funke, Jechidah (Monade) oder Atomos (Unteilbares). Seine lateinische Form heißt „Individuum", das ungeteilte oder individuelle Bewußtsein. Es trägt Name und Form, ist *nama-rupa* und ist eine Komposition verschiedener Qualitäten. Es beginnt als Same, und durch die innewohnende Kraft Shaktis (bekannt als Kundalini oder Ruach Hakodesh – Heiliger Geist) wächst es heran zu Göttlichkeit, übersteigt Cetana, Göttliches Bewußtsein und erlangt schließlich wieder Vollkommenheit.

13. Prakrti Tattva

Prakrti besitzt drei *Gunas* – Fäden oder Bestandteile, *Sattva, Rajas* und *Tamas* (sie produzieren insbesondere Sukha, Dukha und Moha). *Prakrti* ist die *Santa Shakti* von Shiva, und die drei *Gunas Sattva, Rajas und Tamas* bilden die grobstofflichen Formen Seiner *Shaktis*, von *Jnana* (Wissen), *Iccha* (Willen) und *Kriya* (Handlung) insbesondere.

Prakrti existiert in einem Gleichgewichtszustand ihrer *Gunas*.

Prakrti stellt die Wurzel oder Matrix von Objektivität dar, von Buddhi (als dem höchsten Aspekt der individuellen Vernunft oder des individuellen Geistes) hinab bis zu den grobstofflichen Elementen.

Prakrti manifestiert und gliedert sich ferner in diverse Aspekte, Teile oder Glieder, die als Prakrti Tattwas bezeichnet werden. Diese reichen von *Antahkarana* (dem psychischen Apparat), über die *Indriyas* (die Sinne) bis zu den *Bhutas* (den grobstofflichen Elemente).

Wir beschäftigen uns zunächst mit *Antahkarana*. Wörtlich meint es das innere Instrument, z.B. den psychischen Apparat des Individuums. Es besteht aus den *Tattvas*, die mentale Operationen vermitteln, Buddhi, Ahamkara und Manas.

IV. Die Tattvas der Mentalen Operation

14. *Buddhi* ist die erste *tattva* von Prakrti. Es ist die ermittelnde Intelligenz (*vyavasayatmika*).Es gibt zweierlei in Buddhi reflektierte Objekte: (a) äußerliche, z. B. ein Baum, dessen Reflektion durch das Auge vermittelt wird etc., (b) innerliche – Bilder, die aus den *samakaras* gebildet werden (im Verstand hinterlassene Eindrücke).

15. *Ahamkara* ist das Produkt von Buddhi. Es stellt Ich-Bewußtsein dar und Selbst-Ermächtigung, und damit entsteht das Ego verursachende Prinzip.

16. *Manas* ist das Produkt von Ahamkara. Es kooperiert mit den Sinnen und entwickelt Wahrnehmung, Bilder und Begriffe. Es ist das begriffsbildende Bewußtsein, auch Ratio genannt.

V – VII. Die Tattvas der Sinnlichen Erfahrung: 17 – 31

17. – 21. Die fünf Kräfte der Sinneswahrnehmung – *Jnanendriyas* oder *Buddhindriyas* – sind die Produkte von Ahamkara. Die fünf Kräfte, *jnanandriyas* oder Organe der Wahrnehmung sind folgende: Hören, Berühren, Sehen, Schmecken und Riechen.

17. Riechen (*ghranendriyba*)
18. Schmecken (*rasanendriya*)
19. Sehen (*caksurindriya*)
20. Gefühl der Berührung (*sparsanendriya*)
21. Hören (*sravanendriya*)

22. – 26. Die fünf *karmendriyas,* Kräfte oder Handlungsorgane. Diese sind ebenfalls Produkte von Ahamkara.. Es sind die Kräfte von

22. Sprechen (*vagindrba*)
23. Handhabe (*hastendriya*)
24. Fortbewegung (*padendriya*)
25. Ausscheiden (*payvindrba*)
26. sexueller Erregung und Entspannung (*upasthendriya*)

Die *indriyas* sind selbst keine Sinnesorgane, sondern Kräfte, die mittels der Sinnesorgane operieren. Anders gesagt, sie werden auch durch die Sinnesorgane benutzt.

27. – 31. Die fünf *tanmatras* oder erste Elemente der Wahrnehmung, d.h. die undifferenzierten Ursachen der fünf Wahrnehmungen. Auch diese sind Produkte von Ahamkara. Wörtlich meint *tanmatra* „nur das". Sie stellen die allgemeinen Elemente der besonderen Bestandteile der Sinneswahrnehmung dar. Sie sind:

27. Klang als solcher (*Sabda-tanmatra*)
28. Berührung als solche (*Sparsa-tanmatra*)
29. Farbe als solche (*Rupa-tanmatra*)
30. Geschmack als solcher (*Rasa-tanmatra*)
31. Duft als solcher (*Gandha-tanmatra*)

VIII Die Tattvas der Materialität

32. – 36. Die fünf *Mahabhutas*:
Die fünf grobstofflichen Elemente oder *Panca-Mahabhutas* sind Kondensationen der fünf feinstofflichen Elemente oder *Tanmatras*.

32. *Akasa* ist durch *Sabda-tanmatra* entstanden,
33. *Vayu* ist von *Sparsa-tanmatra hervorgebracht*,
34. *Teja* oder *Agni* stammt von *Rupa-tanmatra*,
35. *Apas* geht aus *Rasa-tanmatra* hervor,
36. *Prthivi* oder *Bhumi* entspringt *Gandha-tanmatra*.

IX Das System

Das Absolute ist in diesem System als Cit, Paramashiva bekannt. Es wird auch Maheshvara genannt, nicht im gewöhnlichen Sinne Gottes, als der ersten Ursache, die nach Ordnung und Muster in die Natur übertragen wird, sondern wegen seiner absoluten Souveränität des Willens, *Sva-tantrata* oder *Svatantrya*. Diese absolute Souveränität oder der freie Wille ist keine blinde Macht, sondern *Svabhava,* das (eigene Sein) des Universellen Bewußtseins (Cit). Eben dieser souveräne freie Wille bringt die Vergegenständlichung der entsprechenden Idee hervor. Er ist insofern frei, als er nicht von irgendetwas Äußerlichem abhängt; er ist frei und fähig, alles

Mögliche hervorzubringen. Er befindet sich jenseits von Zeit, Raum, Kausalität usw., ja diese letzteren verdanken ihm ihre Herkunft.

„Die göttliche Kraft ist als Citi bekannt. Selbst-Bewußtsein ist seine Essenz. Es ist auch als paravak bekannt. Es ist wesensgemäß allgegenwärtig und ewig. Es ist *svatantrya*. Es ist die Hauptkraft des Höchsten Selbst." (Isvara. Pr. I p. 207-8)

Diese Citi oder Kraft des Universellen Bewußtseins ist der innere, kreative Funke, der, obgleich in sich selbst unwandelbar, doch der Quell aller in Erscheinung tretender Wandlung ist; sie ist der Quell von Allem, dem man in irgend einer Weise Existenz zubilligen kann. Es steht jenseits der Begrifflichkeit von Raum und Zeit. Essentiell kann man sagen, dieser freie Wille ist das eigentliche Herz oder der Kern des Göttlichen Wesens."

Svatantrya oder Maheshvarya bedeutet Absolute Souveränität oder Willensfreiheit. Die Bedeutung ungehinderter Aktivität des Göttlichen Willens schwingt mit in dem Begriff und ist Ausdruck für das Selbst-Bewußtsein. „Svatantrya bedeutet die Kraft, gemäß Gottes Willen zu handeln, es bedeutet ungehinderten, ungedämmten Ausdrucksfluß des Göttlichen Wesens."

Wie sich Svatantryavada, die Doktrin der Absoluten Souveränität oder der Freiheit des Göttlichen Willens, ausdrückt oder selbst in irgendeiner Weise offenbart, das hat Abhinavagupta in den folgenden Worten wunderschön ausgedrückt:

"Darum erscheint der Gott Parama Shiva (die Absolute Wirklichkeit), dessen eigenes Wesen Bewußtsein von der Natur Prakasas und Vimarsa ist, der unleugbare, allgegenwärtige Realität ist, er erscheint als Subjekt von Rudra an bis hinab zu unveränderlichen Größen, als Dinge wie blau, Vergnügen usw., die getrennte Phänomene zu sein scheinen, obwohl sie essentiell durch die göttliche Macht nicht getrennt sind von *Svatantrya* (dem freien Willen), der untrennbar ist von Samvit (universellem Bewußtsein) und der die wahre Natur des Höchsten nicht im mindesten verbirgt. Dies ist die Enthüllung von *Svatantrya-vada* (der Doktrin von *Svatantrya*)." (Is. Pr. V.V. Pt. I S.9)

Unter den zahllosen Kräften ist *Matrka-Shakti* die höchste. Fünf andere sind noch von spezifischer Bedeutung: *Citi, Ananda-Shakti, Iccha, Jnana* und *Kriya*. *Matrka* wird auch *Viksepa Shakti* genannt, die Kraft der Projektion.

Unter allen vollzogenen Handlungen sind fünf vorherrschend: Schöpfung, Erhaltung und Zerstörung, Verbergen und Enthüllen. Das letztere wird auch *Anugraha* genannt, Gnade. Die Weisen aller Zeiten haben gelehrt, daß die Ursache und der Grund aller Manifestation (einschließlich Schöpfung, Erhaltung, Zerstörung und Verbergung) Gottes Absicht ist, Sich Selbst in Seiner ganzen Herrlichkeit endlich zu offenbaren. So ist der Sinn aller Existenz die Offenbarung oder Freigabe Göttlicher Gnade. (Wie Christus z. B. dem blindgeborenen Mann eröffnete, den er geheilt hatte: „Er ist blind geboren, um den Menschensohn zu verherrlichen.") Gnade ist die Kraft, die alle *malas* hinwegfegt. Sie ist die Kraft, die von *karmas,* Unreinheit, *maya* (Illusion und falscher Selbstidentifikation) oder *ahamkara* (Egoismus) erlöst und zu *Pratyabhijna* (Selbst–wieder–erkenntnis, vgl. engl. self–re–cognition) führt, zu *moksha* und *Brahma-Jnana, Brahma Vidya* (Gott-Verwirklichung) oder *Ahamvimarsa* (feste Gründung in der Erfahrung von *So-ham, Tat twam asi* oder „Ich bin das").

Maya und *Anugraha* (oder *Shakti-pata*) werden die beiden Arme Shaktis genannt. Mit dem linken Arm schenkt sie Vergnügen, mit dem rechten verleiht sie Befreiung. Durch Maya verhüllt sie, durch Anugraha offenbart (befreit, erhebt und verherrlicht) sie. Nach der biblischen Offenbarung liegt der Sinn aller Schöpfung und Existenz in der letzten Erhöhung, Verherrlichung und im Königtum JHWHs zu Zion und unter den Völkern als dem Zentrum des ewigen Gottes des Universums. Amen! Hari Om Tat Sat.

6. Das Individuelle Selbst

Nach diesem System ist das Individuum nicht einfach ein psycho-physisches Wesen, sondern etwas Größeres. Sein physischer Aspekt besteht aus den fünf *mahabhutas* oder den hochorganisierten grobstofflichen Elementen. Sie sind bekannt als seine *sthulasarira*. Es besitzt ebenfalls einen psychischen Apparat, genannt *anthakarana* (das innere Instrument), das aus *bhuddi, ahamkara* und *manas* besteht.

Buddhi, ahamkara und *manas* bilden zusammen mit den fünf *tanmatras* eine Achtergruppe, die als *puryastaka* bekannt ist.

Dies ist die *suksmasarira,* in der die Seele zum Zeitpunkt des Todes den Körper verläßt.

Auch *prana Shakti* ist darin am Werk. Diese göttliche Shakti arbeitet sowohl im Universum als auch im Individuum. Und es ist gerade diese *prana Shakti*, die alles trägt und erhält.

Außerdem gibt es die *kundalini* als eine Ausdrucksform der Shakti. Im normalen menschlichen Wesen liegt sie im Schlaf. Schließlich gibt es *caitanya* oder Shiva im Mittelpunkt seines Wesens als sein besonderes Selbst. Obwohl das Selbst im Innersten des Menschen Shiva ist, wird es zu *Anu* oder einem begrenzten Wesen durch *anava mala*.

7. Gebundenheit

Die Gebundenheit des Individuums erzeugt Ignoranz, die als *anava mala* bekannt ist. Damit ist die erste Bedingung von Begrenzung gegeben, die das universelle Bewußtsein auf ein *Anu* reduziert, einen begrenzten Aspekt, der durch die Einschränkung vom *Iccha Shakti* des Höchsten entsteht. Verbunden damit ist die Tatsache, daß der *jiva* sich selbst als eine unabhängige Einheit betrachtet, die vom universellen Strom des Bewußtseins abgeschnitten ist. Sein Bewußtsein ist nun ein Bewußtsein der Selbst-Begrenzung.

Indem er in Berührung mit Kategorien von *auddha adhva* oder der Ordnung extrinsischer Manifestation gerät, wird er darüber hinaus durch *mayiya mala* und *karma mala* begrenzt. *Mayiya mala* ist die durch Maya hervorgerufene Bedingung von Begrenzung. Es ist *bhinna vedya prantha,* dasjenige, das das Unterscheidungsbewußtsein hervorbringt, das zu den unterscheidenden und begrenzenden Attributen des Körpers usw. gehört. Dies entsteht durch die Begrenzung der *jnana Shakti* des Höchsten.

Diese *malas* sind verantwortlich dafür, daß sich das Individuum in einem Zustand von Gebundenheit befindet, in dem es umhergetrieben wird von einer Form der Existenz zur nächsten.

8. Befreiung

Befreiung – im Zusammenhang mit diesem System – bedeutet die Wieder-Erkennung (*pratyabhijna*) der eigenen wahren Natur, d.h. in anderen Worten: die Erlangung von *akrtrima-aham-vimarsa* – dem ursprünglichen, eingeborenen, reinen Ich-Bewußtsein. Die folgenden Verse von Utpaladeva geben einen Einblick in reines Ich-Bewußtsein. (Is. Pr. 1.6.1.)

Das reine Ich-Bewußtsein hat keine *vikalpa*-Natur, denn *vikalpa* erfordert ein Zweites, ist somit relational. Das normale, psychologische Ich-Bewußtsein aber ist relational, das Selbst-Bewußtsein steht dem Nicht-Selbst gegenüber, das reine Ich-Bewußtsein aber ist von nicht-relationaler Art, es ist *unbedingtes Gewahrsein.* Wer dieses Bewußtsein besitzt, kennt seine wahre Natur. Dies ist die Bedeutung von Befreiung. Wie Abhinavagupta es ausdrückt: Moksha ist nichts als das (voll entwickelte) Gewahrsein der eigenen wahren Natur. (Tantraloka. I. S. 192)

Durch dieses tatsächliche Ich-Bewußtsein erlangt man Cidananda – den Segen von Cit bzw. des Universellen Bewußtseins. Der Citta oder individuelle Verstand ist nun in Cit, das Universelle Bewußtsein zurück transformiert (s. Sutra 13 von Pr. Hr.). Die Erlangung des reinen Ich-Bewußtseins ist gleichzusetzen mit der Erlangung des Shiva-Bewußtseins, in dem das gesamte Universum als Ich oder Shiva erscheint.

X Auszug aus dem Pratyabhijnahrdayam:

Sutra 1: *Die absolute Citi (= die schöpferische Kraft des absoluten Geistes oder Bewußtseins (Griech.: nous)) ist - aus ihrem eigenen freien Willen (heraus) – die alleinige Ursache des Siddhi (= des Wunders) der Existenz des Universums (bzw.* **für die (wundersame) Manifestation (Siddhi) des Universums.)**

Die Höchste Shakti, die absolute Kraft und freien Willen darstellt und von höchstem vimarsa (Gewahrsein) zeugt und nicht von Shiva zu unterscheiden ist, ist der *hetu* oder erste Grund von allem. Von hier an ist Citi, die das allumfassende schöpferische Licht des reinen Bewußtseins ist, die Ursache. Niemals ist das Andere (das Universum) die Ursache.

Raum, Zeit und Form, die durch Citi hervorgebracht und belebt sind, sind nicht fähig, die wahre Natur des Höchsten Wesens zu durchdringen, denn dieses ist allgegenwärtig, ewig und vollständig in sich selbst enthalten und damit seiner selbst voll und sich selbst genug.

Sutra 2: *Allein aus der Kraft ihres eigenen freien Willens entfaltet sie (Citi, Shakti) das Universum auf dem Bildschirm ihres Bewußtseins.*

Sie tut dies ohne jeglichen äußeren Grund. Das Universum ist vielmehr in Form eines Samens immer schon in ihrem Inneren enthalten; sie bringt ihn nur in Raum und Zeit zur Entfaltung oder Manifestation. Dies ist so zu verstehen, daß die Prä-Existenz des Universums (in Citi) mit dem verborgenen Licht (von Citi) identisch ist. Daraus folgt ferner, daß das Universum nichts anderes als eine Manifestation reinen göttlichen Lichtes oder ein Spiel des Bewußtseins ist.

Sutra 3: **Das Universum ist eine (differenzierte) Mannigfaltigkeit von vielfältigen reziprok in Erscheinung tretenden Subjekten und Objekten.**

Kommentar: Das Universum ist als Projektion des reinen Bewußtseins eine Manifestation dieses Bewußtseins in der Reflexion seiner selbst; d. h. auf bzw. in sich selbst gerichtet, erfährt es sich zugleich als Subjekt und Objekt seiner Schau, als Sehenden und Geschautes, als „Ich" und „Das".

Kommentar von Jaideva Singh: Das Universum erscheint als differenziert und vielfältig (beda) wegen der Vielfalt der wahrnehmenden Subjekte und wahrgenommenen Objekte (drg drsia). Anfangs bildet das „Ich" den vorherrschenden und allein dominierenden Aspekt. Auf der nächsten Stufe erscheinen „ich" und „das" als gleichwertig unterschiedene Aspekte. Das Universum erscheint hier als vom „Ich" klar unterschieden, jedoch noch als mit dem Selbst identisch. In einem weiteren Schritt (der Manifestation) erfährt das individuelle Subjekt das Universum als eine sich klar von ihm (als dem Selbst) unterscheidende Mannigfaltigkeit.

Auf der nächsten darunter liegenden Ebene besitzt das individuelle Subjekt weder ein klares Bewußtsein seines „Ich" noch eines „Das" (Objekts). Das ist das Bewußtsein der meisten erdgeborenen Menschen.

So wird im Sadashiva-Zustand das gesamte Universum noch als ein einziges ungeteiltes Objekt und seiner Natur nach para-para, also sowohl transzendent als auch immanent und entsprechend der Erfahrung von „Ich bin Das" gleichzeitig identisch und verschieden erfahren. Diese Erfahrung wird jedoch vom Ich dominiert.

Auf der nächsten Ebene, wo das ganze Universum dem Ich bereits als Objkt gegenübersteht, im Sinne von „Ich bin Ich" und „Das ist Das" sind die Bewußtseinszustände von Ich und Das verschieden, aber gleichwertig ausgeprägt.

Sutra 4: *Auch das (individuelle) Subjekt, in dem Citi, das kosmische Bewußtsein, kontrahiert ist, erfährt das Universum in kontrahierter, kondensierter Form – als seinen Körper.*

Indem Cit eine Kontraktion annimmt, wird es sowohl zum Universum, als auch zum erfahrenden Subjekt des Universums.

Wie Gott, so bildet auch das Individuum das Subjekt der Erfahrung des Universums. Die bewußte Erkenntnis dessen führt zur Befreiung.

Sutra 5: *Citi, die Kraft des Universellen Bewußtseins, steigt von der Ebene von Cetana, dem uneingeschränkten Status vollen Wachbewußtseins, herab und wird zu Citta, dem individuellen*

Bewußtsein, wobei es eine dem Objekt kongruente Form annimmt.
Das Bewußtsein (cetya) besteht in Citta in zusammengezogener oder
kontrahierter Form.

Durch Begrenzung (Selbsteinschränkung) wird das Universelle Bewußtsein zum individuellem Bewußtsein. Cit wird Citta. Das Universelle Bewußtsein hat dementsprechend entweder die Vorherrschaft von Cit oder von Begrenzung. Jnana (Erkenntns), Iccha (Intention) und Kriya (Tatkraft) werden zu Sattva, Rajas und Tamas.

Allein Citta ist die wahre Natur von Mayapramatr (= dem der Maya unterworfenen individuellen Subjekt.)

Sutra 6: ***Auch maya-pramatma ist nur dies (Citta).***

Citta ist in der Sphäre des inkarnierten Lebens und der Körperlichkeit vorherrschend; Es bildet das Herz des individuellen Subjekts. Ihm wohnt das göttliche Bewußtsein in kontrahierter Form inne; damit ist es die Instanz des bewußten Wahrnehmens und Entscheidens des individuellen Subjekts.

Stellt sich dem philosophisch fühlenden Gemüt die Frage: Wie kann der atman, der cit und paramsamvid ist, gleichzeitig ein anu oder jiva (ein begrenztes individuelles Subjekt) sein, bedeckt mit mala (Unreinheiten), umschlossen von kala und anderen kancukas (Fesseln/Hüllen), und ein samsarin (ein gebundenes Subjekt)?

Sutra 9: ***Infolge seiner Begrenzung durch Maya-Shakti wird die Wirklichkeit des Brahman-Selbst, die ursprünglich reines Bewußtsein ist, zum mala-bedeckten Samsarin.***

Da Cit hier durch Maya, den Schleier der Unbewußtheit, bedeckt ist und sich damit als begrenzt erfährt, erhebt sich *anava mala* (die Vorstellung des Getrennt-und Begrenztseins)*,* die den *jiva* konstituierende *mala,* deretwegen er sich als unvollkommen betrachtet und fühlt.

Da das Allbewußtsein (im individuellen Subjekt) verdeckt ist, entsteht die Vorstellung der Begrenztheit des eigenen Ichs und der Vielfalt des Universums und der Dinge. So tritt *mayiya mala* auf, die Auffassung, daß alle Dinge unterschiedlich seien und eine voneinander getrennte Existenz führten.

Durch die in ihm begrenzte schöpferische Kraft, erfährt der *jiva karma mala*, die Vorstellung, ein unabhängiger Handelnder samt den daraus folgenden Konsequenzen zu sein. Seiner Begrenzung entsprechend wird *sarva-kartrtva* (Omnipotenz) zu *kala* (beschränkte Handlungskraft), *sarvajnatva* (Allwissenheit) wird zu *vidya* (dem beschränkten Wahrnehmungs- und Erkenntnisvermögen), *purnatva* (vollkommene Erfüllung) wird zu *raga* (Entstehung von Wünschen), *nityatva* (Ewigkeit) wird zu *kala* (zeitliche Begrenzung), und *vyapakatva* (Allgegenwart) zu *niyati* (Begrenzung hinsichtlich von Raum und Ursache). Das sind die fünf Kancukas, Fesseln oder Hüllen, die die geistige Verfassung des Jiva (die individuelle Seele) als begrenztes Subjekt konstituieren. In der Westlichen Tradition wird das als *conditio humana* bezeichnet.

Wenn sich seine Shakti nun (vermittels eines Aktes des Erwachens, etwa durch die Erfahrung göttlicher Gnade (Anugraha)) gemäß ihrer ursprünglichen Potenz und Kraftfülle aufrichtet und entfaltet, erkennt er seine ursprüngliche, wahre Natur als unbegrenztes Shiva Selbst, und erlangt Befreiung und Verwirklichung seiner göttlichen Natur.

Sutra 10: ***Sogar unter der Bedingung (des begrenzten empirischen Selbst) vollzieht er (die individuelle Seele) die fünf krtyas wie Er (= Shiva).***

Genauso wie Shiva in der weltlichen Manifestation Seine wahre Natur in einem fünffachen Akt (von Hervorbringen oder Erschaffen, von Verhüllen oder Verbergen, von Erhaltung, von Offenbarung, und von Auflösung) entfaltet, so tut Er es auch in der begrenzten Form eines *jiva*.

Wenn das Objekt des Bewußtseins als mit sich selbst identisch erfahren wird, offenbart es sich als *anugraha* (Gnade).

Sutra 11: ***Der fünffache Akt besteht in Manifestation, Verhüllung, Erhaltung, Offenbarung und Auflösung.*** So geschieht es aus der verinnerlichten Sicht des Yogi.

Sutra 12: ***Samsarin zu sein, bedeutet, durch seine eigene Kraft getäuscht zu sein, weil man den Ursprung und Grund der Urheberschaft des fünffachen Aktes nicht wahrnimmt (sich darin täuscht).***

Sutra 13: *Indem man das vollkommene Bewußtsein (über die Urheberschaft des fünffachen Aktes des Selbst) zurückgewinnt, verwandelt sich Citta im Lichte der erwachten Erkenntnis zu Citi und steigt erneut auf in den ursprünglichen Stand von Cetana (dem Gottesbewußtsein).*

Sutra 14: Das Feuer von Citi verzehrt, auch wenn es teilweise von maya begrenzt ist, alle Unreinheiten (unseres falschen Wissens), die es wie Brennstoff nähren, und kehrt damit zurück in ihre unbegrenzte allmächtige Form. I.a.W.: Citi assimiliert alle Inhalte des „falschen Wissens" und erlangt damit höchste Transparenz.

Sutra 15: *In der Wiedergeltendmachung ihrer ursprünglichen Macht macht sich Citi das Universum wieder zu eigen. (Indem der Aspirant die (ihm innewohnende) Kraft von Citi erlangt, gewinnt er Herrschaft über das gesamte Universum (als Teil und Glied seiner selbst).*

Er re-absorbiert das Universum in seiner wahren Gestalt als Licht in seinem Herzen (= dem Atman). Der Yogin macht sich das ganze Universum – von der Erde bis zu Sadashiva – zu eigen und erkennt es als identisch mit dem Selbst. Das ist die Erfahrung des kosmischen Bewußtseins.

Sutra 16: *Wenn das individuelle Subjekt (Jiva, Pramatr) das Licht von Cit verwirklicht hat, festigt sich das Bewußtsein der eigenen Identität mit Cit – auch dann, wenn gleichzeitig der Körper usw. erfahren wird.*

Sutra 17: *Die Gnade von Cit wird durch die Entwicklung des madhya-Zentrums (dem Zentrum des Bewußtseinslichtes im Herzen (Citta)) erlangt.*

Das im Herzen (Citta) verborgene Samvit (Höchste Bewußtseinslicht) ist auch im gebundenen Individuum (samsarin) noch das Zentrum, insofern, als es die allerhöchste Realität von allem darstellt und in allem Seienden ewig dessen Grund und Halt ist.

Sutra 18: *Die Mittel dazu sind Auflösung von vikalpa (des Denkens), sankoca und vikasa von Shakti (des Rückzuges aus den Sinnen und das Nach-Innen-Wenden der geistigen Lebenskraft), das Abschneiden der vahas (der sich in Sympathie und Antipathie,*

sprich Wertungen verströmenden Energien), die Praxis der
Kontemplation des koti (des Punktes) von Anfang und Ende (etwa
dem Zwischenraum zwischen zwei Gedanken bzw. der Ein- und
Ausatmung) usw.

Wenn man sein Herz beobachtet, sollte man keinesfalls einem
vikalpa (mechanischen Gedanken des Verstandes) erlauben
aufzusteigen, sondern seinen Verstand in einen avikalpa-Zustand
zurückführen und bewahren. Indem man das Selbst als den wahren
Erfahrenden im Focus des Bewußtseins behält, entwickelt man die
madhya oder Zentriertheit und erreicht turiya oder den turiyatita-
Zustand.

Sankoca von Shakti bedeutet Abzug der Sinne von den
Sinnesgegenständen und vikasa die innere Ausrichtung auf Maha-
Shakti bzw. Atman. Vikasa bedeutet wörtlich die Stabilisierung
dieses Status.

Sutra 19: *In vyutthana, einem Zustand, der von den erlösenden*
Folgewirkungen von samadhi erfüllt ist, kann andauernder oder
sahaja samadhi erlangt werden, indem man die eigene Identität
vollkommen in Cit aufgehen läßt, d. h. sein Bewußtsein ganz und
gar in der Glückseligkeit des Seins absorbiert sein läßt.

Die Frucht dieses Zustandes bzw. der wiederholten Wiederkehr
von Samadhi ist die innere Festigung der Verankerung im Selbst.

Sutra 20: *Schließlich ergibt sich aus dem Eintritt in das*
vollkommene göttliche Ich-Bewußtsein, das im Wesen Cit-Ananda
(Chidananda) und der Natur nach mantra–Kraft (vak) ist, die
Erlangung von Gottesherrschaft über die Gruppe jener Gottheiten
des Bewußtseins, die alle Formen der Emanation und Reabsorbtion
des Universums hervorbringt. Dies alles ist die Natur Shivas bzw.
Brahmans.

Was es mit den Gruppen dieser Gottheiten auf sich hat, wird in den
Shiva-Sutras näher erklärt. ... Die Kernaussage dieser Sutra besteht
darin, daß nun alle schöpferischen und auflösenden Prozesse des
Geistes zu einem Ende kommen und der einzig verbleibende Inhalt
des nach innen gerichtetn und da fixierten Bewußtseins nichts anderes
als Licht und höchste Glückseligkeit bzw. reiner Selbstgewahrsam ist.

XI Citta oder der individuelle Geist – Ursache der Bindung und Mittel der Befreiung

Im Zentrum des Weges der Verwirklichung steht nach dem Kashmir Shaivismus der individuelle Geist oder das Citta, bzw. Antakarana, das innere Organ oder Instrument des individuellen Subjekts, das seinerseits aus vier Komponenten oder Gliedern besteht, wovon Citta das Herz des Ganzen bildet.

Citta ist als Produkt des Abstieges des Bewußtseins (Cit) von der Ebene des Göttlichen Seins – Cetana oder Brahmans – wie alles Geschaffene polar. Es hat also zwei Pole. Der eine zieht nach unten und neigt zur Verhaftung an die sinnfällige, vergängliche Welt der Erscheinungen, der andere zieht uns nach oben, zu unserem Ursprung im reinen Geiste – also Cit oder Brahman – aus dem wir kommen. Bei Plato und Plotin bildet der Hervorgang des Universums und aller Wesen und Dinge einen Prozeß der Selbstentzweiung oder Polarisierung des ungeteilten Ursprungs in eine Welt von gegensätzlichen und teils auch in sich widersprüchigen Erscheinungen.

Danach erweist sich der Zusammenhang und die Beziehung zwischen Ursprung und Wirkung, also zwischen dem transzendentalen Quell allen Seins und der aus ihm hervorgegangene Schöpfung als vom Prinzip der Dialektik bestimmt und geleitet.

Das heißt aber, daß der Schöpfungsprozeß, also der Hervorgang der endlichen Welt aus der Unendlichkeit des absoluten Geistes ein Prozeß der Selbsteinschränkung und Selbstentzweiung des reinen ungeteilten Bewußtseins in eine polarisierte, vielfältige Welt ist, die Ihrerseits das Streben nach Rückkehr in die Einheit, aus der sie kommt, in sich trägt. Dieser Prozeß der Rückkehr ist sodann – dialektisch gesprochen – ein Prozeß des Aufstiegs, der in der Synthesis der einander in den partikulären Wesen und Dingen entgegenstehenden Aspekte bzw. der in ihnen herrschenden Gegensätze (und ungelösten Widersprüche) nach dem Gesetz des Zusammenfalls oder der Integration der Gegensätze in der Transzendenz besteht. Das gilt auch für den Prozeß der

Verwirklichung und Rückkehr der individuellen Seelen in Gott oder Brahman. In der Diktion des Shaivismus ist dies die Rückkehr und der Aufstieg von Citta – dem individuellen Geist des Menschen – in den transzendentalen Grund aller geschaffenen Wesen und Dinge in Cit, dem kosmischen oder göttlichen Bewußtsein.

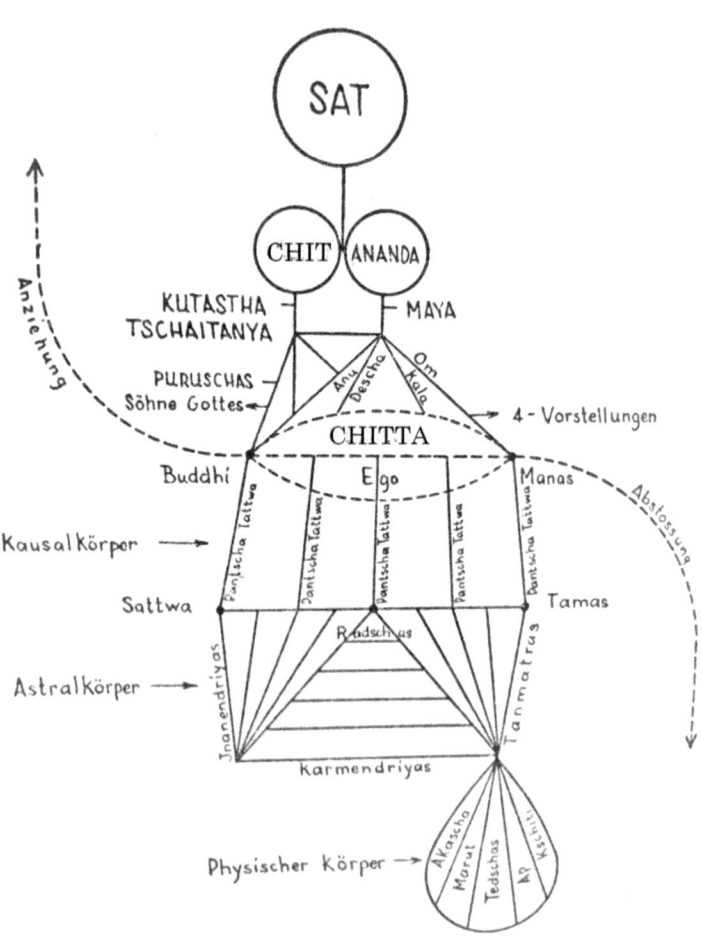

Abbildung 1

Deshalb ist es allein die Verwirklichung der allumfassenden, bedingungslosen göttlichen Liebe, die ja unser Wesen ist, die diese Integration und Überwindung aller Gegensätze und Widersprüche in uns vollzieht und uns in unseren Ursprung in Gott zurückführt. Das ist auch das Ziel und die Praxis aller spirituellen Wege – ob des Yoga, des Vedanta, des Zen, der Kabbala oder des Tao, ja eines bewußten in sich gekehrten Lebens überhaupt, uns von den Verhaftungen an die Welt der Erscheinungen und des ambitionierten, schillernden kleinen Ich zu lösen und uns an unseren Ursprung in Gott zurückzubinden. Das ist das Solve et Coagula – das Löse und Binde – der Mystiker und Alchemisten und der Kren religiöser Praxis – der religio – überhaupt.[1] Und das bildet natürlich auch den Kern der Botschaft des Kashmir Shaivismus.

Es war niemand geringerer als Meister Eckhart, der dieses Prinzip der Ablösung und Rückwendung in einer Haltung innerer Abgeschiedenheit sein Leben lang lebte und predigte. Er ruft uns unermüdlich zu: „Fang zuerst bei dir selbst an, und *laß dich!*

„Wahrhaftig, fliehst du nicht zuerst dich selbst, wohin solltest du fliehen...?

„Die Leute, die da suchen Frieden in äußeren Dingen, je weiter der geht, um so mehr geht er in die Irre.

„Aber, was soll er denn tun? Er soll zuerst *sich selbst lassen*, dann hat er alles gelassen. Fürwahr, ließe ein Mensch ein Königreich oder die ganze Welt, behielte aber sich selbst, so hätte er nichts gelassen. Läßt der Mensch aber von sich selbst ab, was er dann auch behält, sei's Reichtum oder Ehre oder was immer, so hat er alles gelassen. …

„Wer seinen Willen und sich selbst läßt, der hat *alle* Dinge *so wirklich* gelassen, als wenn ... er sie besessen hätte mit voller Verfügungsgewalt. Denn was du nicht begehren *willst*, das hast du alles hingegeben und gelassen um Gottes willen.

---

[1] Siehe dazu auch folgende Schriften des Autors: „Was ist die Seele-Betrachtungen zum wesenskern des Menschen“, „Der Logos und die Dialektik von Sein und Werden“ und „Metaphysik der Herzenserkenntnis“

„Daran ist alles gelegen: Achte auf dich selbst, und wo du *dich* findest, da laß von dir ab; das ist das Allerbeste.

„Mit wem es recht steht, wahrlich, dem ist's an allen Stätten und unter den Leuten recht. Mit wem es aber unrecht steht, mit dem ist's an allen Stätten und unter allen Leuten unrecht. Wer aber recht daran ist, der hat Gott in Wahrheit bei sich; wer aber Gott in Wahrheit hat, der hat Ihn an allen Stätten ... und bei allen Leuten ebensogut wie ... in der Einöde oder in der Zelle. ...

„Warum? Weil er einzig Gott hat und es nur auf Gott absieht, und alle Dinge werden ihm lauter Gott. Ein solcher Mensch trägt Gott in allen seinen Werken und an allen Stätten, und alle Werke dieses Menschen wirkt allein Gott, denn der das Werk verursacht, dem gehört das Werk eigentlicher und wahrhaftiger zu als dem, der da das Werk verrichtet. Haben wir also lauterlich und allein Gott im Auge , wahrlich, so muß Er unser Werk wirken, und an allen seinen Werken vermag ihn niemand zu hindern.

„Dieses wahrhafte Innehaben Gottes liegt am Gemüt und an einer innigen, geistigen Hinwendung und Strebung zu Gott, nicht in einem ... Darandenken.

„Wer Gott so, im Sein, hat, der nimmt Gott göttlich, und dem leuchtet Er in allen Dingen; denn alle Dinge schmecken ihm nach Gott, und Gottes Bild wird ihm aus allen Dingen sichtbar. In ihm glänzt Gott allezeit, in ihm vollzieht sich eine loslösende Abkehr und eine (zunehmende) Einprägung seines geliebten und (all)gegenwärtigen Gottes. ...

„Ein solcher Mensch sucht nicht die Ruhe, denn ihn behindert keine Unruhe.

Indem wir alles Mindere und Geringe, Unwahre und Unvollkommene (in uns und unserem Leben) zurückweisen, und statt dessen das Höhere und Reinere, Wahrere und Vollkommenere ergreifen, beschreiten wir den Weg beständiger Wandlung. Wir suchen vom Nicht-Sein zum Sein und von der Überschattung ins reine Licht zu gelangen. Dies aber bedeutet, daß wir alles Unreine und Äußere zugunsten des Reinen und Erhabenen lassen. Wie es heißt beim Psalmisten: „Meide das Übel und tue das Gute." Das ist auch der Gehalt des bekannten vedischen Mantra:

„Asato Maa Sat Gamaya,
Tamaso Maa Jyotir Gamaya,
Mrityur Maa Amritam Gamaya."

„Vom Nicht-Sein führe mich zum Sein,
vom Dunkel ins Licht,
und vom Tod ins ewige Leben."

All diese Formeln und Invokationen sind Formeln des Selbsterinnerns und der Affirmation:

Wessen Ego ausgelöscht ist, dessen Vikalpas fallen ab wie das Herbstlaub eines Baumes. Nackt und bloß steht er vor Gott und er geht auf in dessen Allgeist. Im Katha Upanishad heißt es: "Yogah-prabhavapyayau" – "Yoga ist Tod (des Ego) und Auferstehung (im Selbst)".

Buch 2: Der Tanz von Shiva und Shakti – Ein Kommentar zu den Shiva-Sutras

2. 1 Logos und Matrika-Shakti – Die Logoslehre des Kashmir Shaivismus

Es ist die Tradition des Kashmir Shaivismus, die Natur und Tätigkeit des Logos als schöpferische Kraft des all-umfassenden universellen Bewußtseins in größter Tiefe und Weite untersucht und beschrieben hat. Es sind vor allem das *Pratyabhijnahrdayam*, die *Shiva Sutras*, das *Vijnana Bhairava* und das *Paratrisika Vivarana*, die ihn – unter dem Namen von Paravak, Parama- oder Matrika-Shakti – thematisiert haben. In der Philosophie der Shaiva-Tradition wird die Höchste Wirklichkeit, die im Vedanta üblicherweise als Brahman oder Sat-Cit-Ananda – Sein-Bewußtsein-Glückseligkeit – benannt wird, als Cit, Parasamvit oder Parama Shiva bezeichnet. Cit und Parasamvit – beide als „reines Bewußtsein" übersetzbar – werden als der transzendente Grund und Boden (Para) aller ungeschaffenen und geschaffenen Wesen und Dinge angesehen. Davor und darüber steht nur Anuttara, das Absolut-Eine als oberstes Prinzip und letzte Voraussetzung des Höchsten Seins und Bewußtsein.

Cit – reines Bewußtsein – ist transzendent und, sofern es die Existenzbedingung alles Seienden ist, auch immanent. Cit ist all-durchdringend und all-umfassend. Nichts, was ist, ist außerhalb von ihm, und alles, was ist, ist durch es bedingt. Es ist ewig aus sich selbst leuchtend und das, was ist, erscheint in seinem Lichte. Es gleicht einem Spiegel, in dessen kristalliner Reinheit sich die Vielfalt der Erscheinungen der Welt widerspiegelt (Tripura Rahasya). Die ganze Welt gleicht einem großen Eisberg, der in den Wassern des kosmischen Bewußtseins schwimmt.

Cit wird auch als Parama Shiva – transzendente Gottheit – bezeichnet. Ihr kommen alle Attribute göttlichen Seins, sowie alle schöpferischen und bewegenden Kräfte zu. Diese werden als Shaktis bezeichnet. Ihre gemeinsame Wurzel ist Parama Shakti, die dem transzendenten Bewußtsein selbst zukommende bzw. aus ihm entspringende U-Kraft aller Kräfte. Aus der Transzendenz ins Sein kommend, wird Shiva als Gestaltwerdung Parama Shivas, in Gemeinschaft mit Mahashakti, seiner Gemahlin, zum Anfang und Urheber der Schöpfung. In seiner ungeteilten Einheit von Shiva und Shakti bildet Parama Shiva den Großen Demiurgen und König der Welt, den die Griechen Zeus und die Hebräer JHWH nannten. Selbst androgyn, gehen aus ihm die Aspekte von Gott und Göttin hervor, die die personifizierten Formen der Prinzipien von Subjektivität (Shiva) und Objektivität (Shakti) bzw. Yin und Yang sind.

Gemäß der Terminologie des Taoismus entspricht Anuttara – das Höchste Prinzip – dem Tao, das seinerseits Yin und Yang, Männlich und Weiblich, Subjekt und Objekt, in seiner Einheit umfaßt und bei den Griechen als das alltranszendente Eine oder Hen genannt wird.

Shiva, der Höchste Herr, und Shakti, Seine ewige Gemahlin, bilden eine untrennbare Einheit, die einander gegenseitig bedingen. Sie werden zwei, um sich aneinander zu ergötzen und miteinander in einem ekstatischen Tanz all die Erscheinungsformen dieser Welt hervorbringen. Als erstes Paar werden sie zu den Ureltern aller Dinge und Wesen. Aus reiner Liebe zueinander zeugen und gebären sie Welten und Wesen, bleiben aber zugleich von ihren Erzeugnissen – der Welt und den Geschöpfen – unberührt und in untrennbarer Einheit ewig miteinander verbunden. Sie werden zwei, um sich aneinander zu entzücken und sie verschmelzen in Eins, um sich in höchster Transzendenz absoluter Glückseligkeit zu erfreuen.

Der indische Dichter-Heilige Jnaneshwar Maharaj schmiedete seine eigene Erfahrung der Transzendenz in folgende Verse:

„The Lover, out of boundless love, has become the beloved. ...
And out of love for each other, they merge.
And again they seperate for the pleasure of being two."

„Der Liebende, aus seiner grenzenlosen Liebe
wurde selbst zur Geliebten; beide bestehen aus gleichem Sein."
...
Aus Liebe zueinander verschmelzen sie,

und wieder trennen sie sich aus dem Glücke zwei zu sein."

(Jnaneshwar: Amritanubhav, Chapter 1, The Union of Shiva and Shakti, Verses 2 & 3)

Alles ist ein Spiel reinen Bewußtseins (Cit-Shakti-Vilas), ein großes Drama, das Shakti zum Ergötzen Shivas inszeniert. Parama Shiva ist der erste und oberste Aspekt allen Seins. Und es ist Er selbst, der in der Zweiheit von Shiva und Shakti zum Grund der Schöpfung wird. Er hat sich in zwei geteilt, um sich der schöpferischen Magie der Zweiheit zu erfreuen und im Zauber gegenseitiger Liebe wieder zu vereinen und in die Seligkeit des Einsseins zurückzukehren. Wie eine große Zauberin, die aus einer Zaubertüte ihr gewaltiges Feuerwerk hervorbringt, so erzeugt Shakti das bunte Drama der Schöpfung, um Shiva zu ergötzen. Er jedoch bleibt ihr verborgener Zeuge, der allein auf die Liebesregungen ihres Herzens schaut.

Jnaneshwar konstatiert die erfahrene Wahrheit in seinen Versen:

„She made evident the Glory of Her Lord,
by spreading out as heaven and earth,
And He made Her famous by concealing Himself."

„Sie macht Seine Herrlichkeit offenbar,
indem Sie sich als Himmel und Erde ausbreitet,
und Er macht Sie berühmt, indem Er Sich verbirgt."

(Amritanubhav, Chapter 1, The Union of Shiva and Shakti, Verse 32)

Shiva ist der einzige Zeuge des gesamten Weltprozesses – innen und außen. Er ist das eine Subjekt jeder Erfahrung und jeder Erkenntnis und Shakti ist (Seine) alles-bewegende Kraft:

„Each is object to the other;
but they are subjects to each other as well.

Only when together do they enjoy happiness.
It is Shiva alone who lives in all forms;
He is both the male and the female. ...
It is because of the union of these two,
that the whole universe exists." (Verses 16 & 17)
Jeder ist des anderen Gegenüber;
aber zugleich sind beide durch einander bedingt.
Und nur in Gemeinschaft genießen sie Glück.
Es ist Shiva allein, der in allen Formen lebt;
Er ist beides, männlich und weiblich. …
Und nur in der Einheit von beiden
besteht diese Welt". (Verse 16 & 17)

Paramashiva (Cit) und Shakti (Citi) entsprechen dem reinen *Nous* und seinem *Logos*. Der Nous ist absolutes unbewegtes bezeugendes Bewußtsein, der Logos aber dessen dynamische Kraft. Hier – im System des Kashmir-Shaivismus – sind es Shiva und Shakti, die die beiden ersten schöpferischen Prinzipien (Tattvas) bilden. Und alles, was wir in dem Buch „Der Logos und die Dialektik von Sein und Werden" auf den Logos bezogen sagten, gilt in gleicher Weise auch für den Begriff der Matrika Shakti. Im chinesischen Tao wird diese kosmische Ur- und Lebenskraft als 氣 (Qi) bezeichnet. Es ist ein und dieselbe Kraft.

„Ihr einziger Seinsgrund ist das Ergötzen Ihrer Seligkeit
und niemals gestatten sie ihre ewige Einheit zu trennen.
...
Sie sind so bar jeder Trennung,
daß selbst Ihr Kind, die Welt, Ihre Einheit nicht stört.
...
Zu selig ist ihre Einheit für das Universum, sie zu umfassen,
dennoch sind sie beide im kleinsten Atom.
...
Sie allein sind es, die das Haus des Universums bewohnen.
Und wenn der Herr des Hauses schläft,

ist die Herrin hellwach und erfüllt die Aufgabe beider.

Wenn Er jedoch erwacht, so verschwindet das Haus
und nichts Geschaffenes bleibt über.
Sie wurden zwei, um Vielheit zu schaffen,
und beide suchen ewig einander, um Eins zu sein.
...
Es ist um der Einheit der beiden, daß diese Welt existiert.
Die Göttin offenbart die Herrlichkeit Ihres Herrn,
durch die Entfaltung Ihrer leiblichen Form.
Und Er macht Sie berühmt, indem Er Sich verbirgt.
...
Wenn Er Sich verbirgt, erkennt Ihn niemand;
allein durch die Gnade, die Sie verschenkt,
finden wir Seinen verborgenen Ort.
...
Der Mensch findet sich selbst, wenn er erwacht,
desgleichen sah ich den Gott und die Göttin
durch Befreiung vom Ich."

(Übersetzt aus: Jnaneshwar Maharaj, Amritanubhav, Kap. 1, The Union of Shiva and Shakti)

Wie diese beiden Prinzipien aus unzertrennlicher Gemeinschaft den Weltprozeß hervorbringen und wie dieser Weltprozeß im Bewußtsein des Sadhakas (Wahrheitsuchers) im Akt geistiger Erkenntnis (Sanskrit: Vijnana, Griechisch: Noesis oder Gnosis) überstiegen und in seiner Seele bzw. seinem individualisierten Geist (Citta) überwunden wird, sodaß sie im absoluten Bewußtsein (Cit, Nous) Shivas aufgeht, ist das Grundthema der Shaivistischen Schriften. Sie stützen sich hierbei vollkommen auf den Begriff der gebärenden Kraft von Mahashakti, die in ihren wesentlichen Zügen unserem Begriff des Logos entspricht.

Eine entsprechende Stelle finden wir im Sohar, der Nous und Logos, bzw. Cit und Citi mit Chokmah und Binah, dem obersten durch Selbstentzweiung von Keter als dem Prinzip des universellen ICH-BIN-Bewußtseins entstandenen Sefirot-Paar des kabbalistischen Baumes, identifiziert. Darin heißt es:

„Im Anfang als der Wille des Königs zu wirken begann, grub Er Zeichen in Seine himmlische Aura.

Ein Quell hob an ... und durchbrach und durchbrach doch nicht die ihn einhüllende Aura ... bis, infolge der Wucht seines Durchbruches ein Punkt aufblitzte, ein verborgen himmlischer. *Über diesen Punkt hinaus ist nichts erkennbar* und darum ist er *‚Reshit'*, Anfang (das ist Keter) genannt. Als der *‚Verborgene der Verborgenen'* ihn durch seine Aura hindurch ausstieß, dehnte sich jener ‚Anfang' genannte Urpunkt aus (Chokhmah) und baute einen Palast (Binah), sich zum Preis und zum Ruhme. Darein säte Er den heiligen Weltensamen aus zum Segen (das heißt zur Grundlegung) der Welt. Und das ist das Geheimnis des Verses: „Heiliger Same ist ihre Wurzel." (Jesajah 6. 13).

Es ist dies vergleichbar dem Samen der Seidenraupe, die einen Palast um sich spinnt, sich zur Verherrlichung und der Welt als Wurzel.

...

Als sodann der *‚Lichtpunkt'* und der geheime, entrückte *‚Palast'* sich zu einer Gestalt zusammenschlossen, da änderte die Palasteshülle ihre Art und wurde nun *‚Beit'*, das Haus, genannt, der obere Punkt aber *‚Rosh'*, das *‚Haupt'*. Gefaßt noch eines im andern hieß es *‚Bereshit'*, noch ehe es einen Wohnsitz in einem Hause gab. Als aber Same darin ausgesät wurde, in ihm zu wohnen, da nahm jenes verborgene Haus im Namen ‚Elohim' Gestalt an.

...

Ein Bauen und Zeugen begann, um Neues hervorzubringen, und Gestalten gingen aus jenem heiligen Samen hervor, sich in ihm auszubreiten und es zu durchdringen.

...

Aus dem Samen, den es empfangen hatte, brachte es all die Generationen der Geschlechter hervor." (Sohar)

Eine nicht-jüdische Parallele hierzu finden wir in der Gnosis der Pistis Sophia, worin der Logos sowohl Vater als auch Mutter hat. Da heißt es: „Dem Logos wurde ein göttliches und reinstes Elternpaar zuteil: Gott selbst als Vater, der auch der Vater des Alls ist, und die Sophia als Mutter, durch die das All zur Entstehung kam. ... Im Urbeginne war der Logos; εν αρχη ην ο λογος☐ In seiner Funktion bei der Erschaffung der Welt wird er schlechterdings der Erzeuger (γεννητης) genannt. ... Er folgt den Wegen seines Vaters, und auf die urtypischen Musterbilder (παραδειγματα αρχετυπα = ειδη) des Vaters schauend, schuf er (unvollkommene) Abbilder (d.s. die Welten und Geschöpfe)."

Das ist eine Vorstellung von der Beziehung zwischen Schöpfer und Schöpfung, in der *Sophia* und *Logos* den Begriffen von Jnana- und Iccha-Shakti des Shaivismus entsprechen.

Um die Philosophie des Kashmir Shaivismus etwas näher darzustellen, wollen wir uns hier vorwiegend auf die Shiva Sutras beziehen, deren Geist wir im Folgenden in einer textnahen Interpretation nahebringen wollen. Wir beziehen uns hierbei auf die von Jaideva Singh vorgelegte englische Übersetzung und Einleitung der Ausgabe mit dem Kommentar von Abhinavagupta.

2. 2 Kosmischer Weltprozeß und individuelle Verwirklichung nach der Philosophie der Shiva Sutras

Die Shiva Sutras gliedern sich in drei Teile, die mit den Bezeichnungen „Shambhavopaya", „Shaktopaya" und „Anavopaya" überschrieben sind.

"Upaya" bedeutet wörtlich "spirituelle Disziplin" oder "Übung". So entsprechen die drei Teile drei unterschiedlichen Stufen spiritueller Disziplin und Verwirklichung. Die Schrift beginnt mit der höchsten Ebene, die ohne Umschweife direkt auf der Übung reinen, absichtslosen Gewahrseins – ohne jegliche Zurückweisung und Annahme (irgendeiner äußeren oder inneren Erfahrung) – basiert und den Jünger des Weges unmittelbar zur Erfahrung reinen ICH-Bewußtseins emporhebt, das das höchste Ziel allen Strebens ist. Sie gründet auf der Erkenntnis, daß unser reines Gewahrsein, das unsere wahre Natur bildet, stets in und mit uns ist. Atman ist von der Natur reinen Ich-Gewahrsein und das Verweilen in diesem ursprünglichen Zustand wird Sahaja-Samadhi – natürlicher Samadhi – genannt. Indem wir unser Gewahrsein in bewußter Sammlung verwirklichen, steigen wir darin unmittelbar in das absolute Sein und Bewußtsein des Höchsten Selbst oder Gottes auf. Wie wir nur schwimmend schwimmen lernen können, so können wir auch nur durch die bewußte Übung des Selbstgewahrseins zum Gewahrsein des Selbst erwachen. Das nennt man auch spontane Selbst- oder Gottverwirklichung. Das ist die Stufe von „Shambhavopaya".

Derjenige, dessen Geist (Jiva, Citta, Manas) samt seinen Hüllen (oder Shariras) nicht genügend durchlichtet oder gesammelt ist, muß sich zuerst einem Prozeß tiefer innerer Reinigung und Durchlichtung seines Emotionalkörpers und Denkens unterwerfen, um sein Mind (Citta, Manas) allaugenblicklich gesammelt auf seinen Ursprung, das ist auf das ihn erleuchtende kosmische Bewußtsein, ausrichten zu können. Er bedarf der zweiten oder dritten Form von Upaya (Übung).

Dementsprechend fahren die Sutras mit Shaktopaya, der mittleren Stufe, fort, die auf der Invokation Shaktis, tiefer Hingabe an Gott und die geistige Welt (Bhakti), intensiver Selbsterforschung und immerwährendem inneren Gebet (oder Mantra-Japa) beruht. Sie möchte uns von alten Gedanken und emotionalen Mustern (Samskaras) und Schlacken befreien und zu einer Stillung des unwillkürlichen Gedankenstromes (Vritti, Vikalpa) führen. Dadurch begründen und festigen wir eine Verfassung jenes wachen Gewahrseins in unserem individuellen Geist (Citta, Mind), die uns ihrerseits erst zur freien Ausrichtung auf das Selbst befähigt und damit zur letztendlichen Verwirklichung (Moksha) führt.

Der letzte Teil erklärt Anavaopaya, die untersten Stufe geistiger Disziplin, welche sich unterschiedlicher Mittel der inneren Reinigung und Aufrichtung bedient, um den Suchenden für die nächsten Stufen vorzubereiten. Hierbei stützt sie sich auf diverse eher periphäre Instanzen und Praktiken. Sie bezieht dabei die bekannten psychischen Instrumente wie Buddhi (den unterscheidenden Intellekt), Prana (die

Lebenskraft) und Deha (den Körper), sowie die klassischen Übungen der diversen Yogas wie Dhyana (Kontemplation), Uccara (Atmen, Singen, Beten (Japa)), Varna (der Artikulation von Buchstaben und Lauten bzw. Bija-Mantras) und Karana (Asana (Körperstellungen)), Mudra (Energieverschlüsse), Vyapti (Eindringen) und Tyaga (Entsagung) mit ein.

Wie wir sehen, bilden die drei Upayas drei Übungswege zum Zweck der Verwirklichung Gottes und des Selbst, die so aufeinander aufbauen, daß Anavopaya (Siehe Teil III) gleichermaßen die Vorbereitung für die höheren Stufen bildet. So gelangen wir von Anavopaya zu Shaktopaya, von Shaktopaya aber zu Shambhavopaya, und von Shambhavopaya zu Anupaya, dem weglosen Weg, der selbst unmittelbar in der augenblicklichen Verwirklichung des Selbst kulminiert.

Das ganze Werk ist so aufgebaut, daß es den Weg der Verwirklichung als Umkehrung der Schöpfungs- und Weltprozesses darstellt. So wie die Schöpfung gleichermaßen mit dem „Big Bang" oder Urknall ihren Anfang nimmt, so vollendet sich der Verwirklichungsweg des Menschen in der augenblicklichen Realisierung des Selbst auf einen Schlag. Alles andere sind Zwischenstufen oder Übergänge vom Einen zum Anderen, vom $\square$ zum Ω.

Dementsprechend erläutert Teil I Ursprung und Natur dieses Weltprozesses als Abstieg des Bewußtseins und den Weg der Verwirklichung der Höchsten Wirklichkeit als Akt der Umkehrung oder Aufhebung dieses schöpferischen Aktes des Bewußtseins (Shakti, Logos) und seiner Rückkehr in seinen oberen Ursprung; Teil II zerlegt jenen Akt oder Prozeß in seine Aspekte und offenbart ihn als kosmischen Denk- oder Wortakt (Vikalpa, Vacaka, Uccara), in welchem die schöpferische Kraft (Shakti, Logos) sich in der Form von Matrika-Shakti manifestiert, die sowohl den Schöpfungsakt als auch den Akt der Verwirklichung ganz konkret als Akte der Artikulation kosmischer Worte (Logoi) durch den kosmischen Geist vollzieht. Das heißt, daß Matrika als elementare Ur-Kraft zu verstehen ist, die dadurch objektivierbare Dinge wie auch subjektive

Bewußtseinszustände hervorbringt, daß sie aus einen Repertoire konstitutiver universeller Prinzipien (eben der Matrika), welches wir mit einem Setzkasten, einer Farbpalette oder der Tonreihe eines Instruments vergleichen können, Elemente so auswählt und zusammensetzt, daß sie die zu hervorzubringenden Dinge oder Zustände gleichsam „buchstabiert". Ihr schöpferischer Akt ist am ehesten dem kreativen Akt eines Künstlers zu vergleichen, der aus einer Tonreihe eine Symphonie, oder aus einem Repertoire von Farben ein vollendetes Bild auf die Leinwand zaubert.

Schon im *Pratyabhijnahrdayam* lesen wir: „Aus freien Stücken projiziert Shakti (aus sich selbst) das Universum auf den Bildschirm ihres Bewußtseins." (Vers 2) Dieses (das Universum) besteht aber bereits vor dem Schöpfungsakt als Idee unmanifest in ihr. Die geschaffene Welt ist demnach eine Ausfaltung und Manifestation der transzendentalen ewigen Ideen in der Zeit.

„Maheshwari (oder Mahashakti), die schöpferische Kraft Shivas (Gottes), ist selbst von der Natur reinen Bewußtseins, das sich selbst weiß und als solche „kogniszente Vernunft" (cogniscient Intelligence) die ganze Vielfalt der Phänomene, die wir die innere und äußere Welt nennen, vermittels eines Aktes ihres freien Willens manifestiert. Sie alle kommen im Licht des sich selbst gewahrenden Bewußtseins als projiziertes Bild der Vorstellungskraft (Imagination) des kosmischen Geistes (Demiourgos, Logos oder der Martika-Shakti genannt) ins Sein". (XV, 5 – 6)

„Genauso wie in einem klaren Spiegel die unterschiedlichen Bilder von „Stadt", „Dorf" u.dgl. als voneinander unterschiedlich wie auch vom Spiegel verschieden erscheinen, obwohl sie in der Anschauung von letzterem ununterschieden sind, so erscheint auch die Welt bzw. das Universum als Ganzes, obwohl nicht vom reinen Bewußtsein getrennt, doch hinsichtlich ihrer Gegenstände als auch hinsichtlich des Universellen Bewußtseins selbst unterschieden (abheda)." (Paramarthasara 12 – 13) ... Während jedoch das Kosmische Bewußtsein gemäß seiner Eigenschaft als „Vimarsha" bzw. „Selbstgewahrsein" sich der Welt bewußt ist, ist der Spiegel – das ist unser individuelles Mind (Citta, Manas) – ohne solches Wissen um die Natur des in ihm erscheinenden Bildes." (Paramarthasara 39)

Im Tripura Rahasya, Kap. XV, heißt es ferner: „Wonach du fragst ist der erste und hinreichende Grund des Universums, der selbst ohne Anfang, Mitte und Ende, und ohne jeden Grund (in Zeit und Ewigkeit) überhaupt ist. Er ist reines, ungebrochenes, unteilbares Bewußtsein. Die ganze Schöpfung manifestiert sich in ihm wie eine Stadt in einem Spiegel. ... Sie ist eine Projektion oder Superimposition (Überlagerung) unwirklicher Bilder auf der Oberfläche (Leinwand) des unveränderlichen, formlosen, nicht-dualen höchsten Bewußtseins oder Selbst". (Tripura Rahasya XV, 36)

„Sie wird Maya genannt, weil sie etwas, das nicht ist, im Bewußtsein erscheinen läßt, als etwas, das ist, wie ein Zauberer oder Hypnotiseur, der einem Auditorium eine himmlische Stadt in der Luft erscheinen läßt". (XV, 61) Gott, Ich und Welt sind illusorische Erscheinungen auf der Oberfläche der Wirklichkeit des reinen Bewußtseins oder Selbst". (XV, 114)

Dieser Schöpfungs- bzw. Projektionsakt durchläuft im Wesentlichen drei Phasen: die Konzentration, die Ideation oder Intention und den aktiven Vollzug, die im Sanskrit als „Iccha", „Jnana" und „Kriya" bezeichnet werden. Oftmals wird die Matrika Shakti entsprechend in Iccha-, Jnana- und Kriya-Shakti aufgegliedert.

Rückübersetzt in die Begrifflichkeit platonischer Philosophie bedeutet dies: Der Logos ist zugleich Intention (Iccha), Erkenntnis (Jnana) und Wille (Kriya). Danach hebt der Schöpfungsakt als subtile Bewegung oder Intention im reinen Geiste (Nous) an, läßt sie in einer Innenschau Gestalt werden, um sie sodann vermittels der Kraft des Ursprungs aus sich heraustreten zu lassen. In anderen Worten: Aus der grund- und gestaltlosen Tiefe seiner selbst läßt er vermittels seiner Dynamis (seines Kraftvermögens) Eide und Ideen in Raum und Zeit in Erscheinung treten. Er läßt ungeteiltes, undifferenziertes Sein (die abstrakte Idee) in differenzierter Form Gestalt werden. Es ist ein Akt der Vertiefung in sich und eines nachfolgendem Aus-Sich-Herausgehens.

Origenes drückte dies so aus: „Bevor Gott die Welt geschaffen hat, war diese als *Idee* in seinem Geist. Die Urbilder sind das innere Schauen Gottes Seiner Selbst und das Gewordene ist das im Wortes ausgesprochene Bild."

Und Cusanus verdeutlicht: „Wie sollte ein Maler etwas mit Vernunft malen, wenn er das, was er malen möchte, nicht in der Idee hätte? Und wie sollte er das, was er in der Idee hat, malen, wenn ihm das Wissen des Malens fehlte? Und wie sollte er es ausführen, wenn er nicht wollte? Hieraus ersehen wir, daß das Wollen nicht das Können ist und auch nicht die Idee, und daß auch das Können nicht die Idee ist; denn zu dem, was ich will, habe ich nicht immer das Können, noch zu dem, was ich in der Idee habe, das Wissen oder das Können; und selbst wenn ich das Wissen des Malens habe, kann ich doch Muhammed nicht abmalen, da ich ihn nicht in der Idee habe. Wenn daher auch Idee, Wissen und Wollen einer und derselben vernunfthaften Wesenheit und Natur angehören und aus der Idee auch Können und Wissen erzeugt wird – denn wer der Idee ermangelt, ermangelt des Könnens, und wer der Idee und des Könnens ermangelt, ermangelt des freien Wollens und des Auswählens –, so geht also der freie Wille aus der Idee und aus dem Wissen oder Können hervor. Und dies magst du zuerst dir merken." ... „Gut begreift dies der Ackersmann, der das Korn sät: er muß nämlich den Samen des Korns in seinem Begriffsvermögen, das Können des Kornsäens in seinem Wissen, und das Wollen des Kornsäens im Wollen haben; denn das Säen ist ein Werk der Vernunft." (Cusanus: Idiota de mente)

Hier beschreibt Cusanus den Schöpfungsprozeß als Akt der Intelligenz oder des Erkennens in Gemeinschaft mit der Intention und dem Willen Gottes (Iccha-, Jnana- und Kriya-Shakti).

Im Akt des Hervorbringens formt der schöpferische Geist oder Logos – hier "die Matrika-Shakti" – die einfache Idee in eine differenzierte Gestalt diverser Elemente und Attribute um, die erst in der Ganzheit ihrer Gestalt zum Abbild ihres Urbildes wird. Wie ja der Schöpfungsakt überhaupt stets ein Akt der Auseinanderlegung und Differenzierung (Dihairesis) ist, so ist auch alles Geschaffene ein zusammengesetzter Komplex oder ein System (ein Synholon). Im Tripura Rahasya heißt es: „Alles Geschaffene ist zusammengesetzt und alles, was zusammengesetzt ist, muß notwendig geschaffen sein". ... „Yat Saavayavam-tat Karyam-iti-tarkena." (Tripura Rahasya, Appendix III zu Kap. VII) Denn alles Ursprüngliche ist absolut einfach und unzusammengesetzt. Wohl vermag das Einfache (vermittels des ihm innewohnenden Logos) durch Selbstdifferenzierung Diversität und Vielheit hervorzubringen, und aus dieser Vielfalt wiederum nach den Prinzipien der Permutation, der Variation, der Selektion und der Synthese verschiedenes Neues, eben Worte, Bilder, Melodien, geschaffene Dinge u. a. m., hervorzubringen, wie es etwa die Natur im Geheimnis des einen weißen Lichtes allezeit vor uns enthüllt, als sie das eine Licht im Prisma in die Vielfalt der Spektralfarben aufspaltet, aus der sie wie eine Große Künstlerin durch allerlei erfinderische Kombinationen und Formbegrenzungen die Mannigfaltigkeit dieser sichtbaren Welt hervorbringt.

„Mit Seinem Gedanken, der als unendliche Weisheit in Ihm ruht, bestimmt Gott alle Dinge; und mit demselben Gedanken – wenn Er ihn als vernünftiges Wort ausspricht – erschafft Er sie und offenbart zugleich deren Daseinsgrund. Sein Wort an sich ist Sein in Ihm verborgener Gedanke, Sein erster, aus Ihm strömender Ausfluß, die erste Ausstrahlung *in divinis;* das „Wort, das aus Seinem Munde geht", ist Sein schaffender Gedanke, Seine schöpferische, offenbarende und erlösende Tat. Jede aussprechbare Wahrheit ist in dieser göttlichen All-Offenbarung enthalten; und wenn dieses eine und einzige, all-weltliche Wort Gottes zur Erde niedersteigt, vervielfältigt es sich in verschiedene „Zungen" oder Offenbarungen …"

„Sein rein geistiges, schöpferisches und erlösendes Licht ist überall dasselbe, der Sonne gleich, deren Strahl die verschiedensten Landschaften beleuchtet. Hat deshalb der menschliche Geist einmal die förmliche Ebene der Glaubenslehren und -sinnbilder überstiegen, ist er einmal in das Reich ihrer überförmlichen Urbilder eingedrungen, dann schaut er die Klarheit des Einen und sieht, wie sie nur rein äußerlich in eine Vielfalt von offenbarenden Strahlen zerfällt. Diese Strahlen, mögen sie auch verschiedene Richtungen einschlagen und verschiedene Farben annehmen, gehen von einer einzigen Mitte aus, um überall dieselben göttlichen Geheimnisse zu offenbaren und um jene Menschen, von denen sie in Wahrheit aufgenommen werden, zum selben Anfang und Ende aller Dinge zurückzugeleiten." (Leo Schaya: Ursprung und Bestimmung des Menschen im Lichte der Kabbalah)

All das aber ist das Werk des Logos, bzw. der Matrika-Shakti. Matrika ist das Prinzip der Differenzierung, der Kombination, der Manifestation und der Bedeutung, die die Grundelemente jedes schöpferischen Aktes bilden. So ist ihr Schaffen dem des Komponisten oder Schriftsetzers vergleichbar, der aus einem Grundrepertoire von Buchstaben, Elementen, Melodien, Worte, Lieder und Gedichte setzt.

Matrika wird als ,artikulierende', ,buchstabierende' und ,bedeutungssetzende' Kraft gefaßt, deren Invokation – je nach innerer Ausrichtung – das Bewußtsein nach unten oder nach oben führt. Deshalb heißt es, Shakti habe zwei Arme: mit dem einen erzaubert sie die Welt der Erscheinungen (Maya), mit dem andern schenkt sie die Schau der transzendenten Wahrheit (Kaivalya) und damit die Befreiung aus der Gefangenschaft der Illusion.

Auf den individuellen Geist übertragen, führt sie diesen somit entweder in die Verstrickung von Namen und Formen (nama-rupa) oder aus ihr heraus in die transzendentale Einheit des reinen Bewußtseins, d. i. der Verwirklichung des reinen Ich-Gewahrens.

Teil III schließlich widmet sich der Praxis der Erkenntnis und Verwirklichung auf der Grundlage verschiedener Praktiken, die Körper, Geist und Seele einschließen.

Während Shambhavopaya, als höchste Form des Yoga oder Sadhana, in der Übung wachen Nicht-Intervenierens, also innerer Abgeschiedenheit und absichtsloser Aufmerksamkeit besteht, sich somit allein auf das Bewußtsein selbst als das zu Verwirklichende stützt, gründet die Übung auf der Stufe von Skaktopaya ganz auf Citta, dem individuellen Geist (Mind) und seiner Shakti (Citi) als

Mittel der Verwirklichung, auf der Stufe von Anavopaya wiederum auf verschiedenen mehr äußerlichen Aspekten wie Körper, Atem, Sinne, Prana etc. als Vehikel der Verwirklichung.

Auf dieser Stufe wird der individuelle Geist (Citta) zuerst gereinigt, gestärkt, geformt und vorbereitet, um schließlich auf der mittleren Stufe zum tragenden Fahrzeug seines Weges werden zu können. Dort geht es um die vollständige Ausrichtung des Geistes (Citta) auf seinen Ursprung, Cit oder Aham-Vimarsha (ICH-Bewußtsein), um die Festigung seines Standes in ihm, bis jener sich selbst darin verklärt und in ihm aufgeht.

Stetes Verweilen im Höchsten sowie Devotion, Selbstprüfung und Mantra-Japa führen dazu, daß Citta (das individuelle Herz als Sitz des individuellen Bewußtseins und der Individualität (Jiva)) durch die in ihm aufsteigende innere Shakti – auch Kundalini-Shakti genannt – verfeinert und geheiligt, mit seinem Ursprung, dem transzendenten Selbst (Cit oder Atma), verschmilzt. Sri Ramana Maharshis Methode des permanenten Aham-Vichara ist das beste Beispiel für diese Art von Upaya.

Erst auf der höchsten Ebene von Shambhavopaya kann sich Citta (samt Manas und Ahamkara) völlig in sich selbst zurückziehen und aufhören, eine aktive Rolle zu spielen. Wachsende Konzentration der bisher wahllos fluktuierenden Aufmerksamkeit ist endlich der Highway, der direkt zu der Erfahrung des reinen ICH-Bewußtseins oder Aham Brahmasmi führt.

Es ist die Macht des Logos, die all diese Ebenen und Erfahrungen hervorbringt, und Er ist es, der den zentralen Aspekt in dieser Philosophie einnimmt.

Teil I

Teil I erörtert die universelle, göttliche Natur unseres Bewußt- und Menschseins. Atma, das Selbst, ist allgegenwärtig, alldurchdringend und allumfassend. In seiner individualisierten Form hat sich diese unsere göttliche Natur – wegen der irrigen Identifikation mit der von ihr angenommenen Form (Körper, Mind und Individualität) – selbst begrenzt und verschleiert Hier wird nun gezeigt, wie der Suchende auf dem Weg des Erwachens und über die Invokation von Shiva und Shakti in seinem Inneren zu dieser ursprünglichen Göttlichkeit zurückfinden kann. In diesem Zusammenhang werden die Ursachen von Bindung, die universellen Prinzipien von Universum und Individualität sowie die diversen Manifestationsformen und Wirkweisen von Shakti, der schöpferischen und gestaltenden Energie Gottes, beschrieben

Sutra 1: *Chaitanyam Atma.*

„Atman (die Natur der höchsten Wirklichkeit als das Wesen aller Dinge) ist reines Gewahrsein (Chaitanya = Erkennen, absolutes oder göttliches Bewußtsein)."

In anderen Worten: „Das Selbst ist nichts als Gewahrsein."
Alles, was ist, ist in der Form von Bewußtsein; es besteht als Inhalt oder Subjekt eines gewahrenden Bewußtseins, da sich selbst erkennt. Was nicht erkannt wird, hat weder Sein noch Existenz. Das allgemeine Charakteristikum aller Objekte ist Manifestation (Citikriya) in einem erkennenden Bewußtsein. Chetana (reines Gewahrsein) bringt das Erkannte im Akt der Erkenntnis (Jnana-kriya) erst hervor. Wie wir unter 6. 1 konstatierten: „esse est percipii".

„Bewußtsein ist das höchste Licht. Kein physisches Licht – wie Sonne, Mond, Sterne oder Blitz – ist ohne dieses sichtbar und keines entsteht oder leuchtet aus sich heraus. Allein das Bewußtsein ist selbst leuchtend in seinem eigenen Licht; es strahlt aus sich selbst. Es, das alles bescheint, scheint aus sich heraus. In seinem Licht erscheint alles andere." (Katha Upanishad, II 2, 15.)

Sogar wenn ein Mensch fälschlicherweise annimmt, er sei mit seinem Körper (bzw. Prana, Buddhi, Citta oder der Individualität (Jiva)) identisch, ist diese Annahme erst unter Voraussetzung des Lichts des wahren ICH-Bewußtseins möglich und durch dieses erhellt. Das Ich-Gewahrsein geht also notwendig Körper, Sinnen, Gemüt oder Individualität u.dgl. voraus.

Die Natur des Atma ist reines Bewußtsein. „Wenn es keinen Wissenden (Erkennenden, Erfahrenden) gibt, wie kann es dann etwas Gewußtes (Erkanntes, Erfahrenes) geben? Das Gewußte und der Wissende haben dieselbe Substanz. Sie bedingen einander. Keine Substanz existiert als abgetrenntes Prinzip für sich oder als in sich selbstbestehende Entität." (Sukshmabhairava)

Vielmehr gilt: "Der Jiva ist alles." (Karika 28, 29) Das individuelle Selbst besteht aus Bewußtsein, Identität, Form und Namen; damit umfaßt es All und alles.

Sutra 2: *Jnanam Bandhah.*

Wörtlich übersetzt heißt das: „Wissen (Jnana) ist Gebundenheit."

Das bedarf der näheren Erläuterung.

Üblicherweise sind wir unbewußt der Meinung, uns selbst, die Welt und die Bedeutung der Dinge und Ereignisse des Lebens zu kennen bzw. um sie Bescheid zu wissen. Dieses unbewußte „Wissen" ist hier gemeint. Denn ohne uns in unseren Wahrnehmungen und Auffassungen sowie unseren zahlreichen unbewußten Denk- und Verhaltensstrukturen, aus denen wir leben und unser Leben gestalten, zu hinterfragen, stützen wir uns auf sie und erkennen nicht, daß wir weder uns selbst noch die Welt noch die Bedeutung der Dinge und des Lebens wirklich begreifen und kennen.

Sowohl Sokrates als auch die Veden u. a. Schriften haben das Gewicht von Wissen als Hindernis auf dem Weg uns selbst zu finden und unser Leben zu meistern, umfassend untersucht und benannt. Weder Sokrates und Plato noch die östlichen Weisheitslehren sind je müde geworden, bereits hier klare Begriffe zu fassen. Sie alle haben als erstes klares sicheres Wissen von Nicht-Wissen und falschem Wissen unterschieden.

Sicheres Wissen gründet allein auf der unmittelbaren Erkenntnis des Geistes (oder des reinen Bewußtseins) und unterscheidet sich zuerst ganz grundlegend von dem Wissen, das auf den Eindrücken, die die Sinne oder der Verstand liefern, gründet. Während letztere auf der Vermittlung trügerischer bzw. in sich undurchsichtiger Instrumente (eben den Sinnesorganen und dem Verstand) gründen, bilden die Erkenntnisse des Geistes bzw. Bewußtseins unmittelbare Schauungen und stehen deshalb jenseits aller Zweifel oder Kritik. Was uns Sinne und Verstand vermitteln, sind „apparative" Konklusionen aus den durch die Sinne vermittelten Reizen, die ihrerseits nur auf deren Berührung mit den Erscheinungen der Welt gründen; sie sind deshalb weder imstande, Auskunft über das Wesen der Dinge, noch über den Prozeß der Vermittlung ihrer Erscheinungen durch Sinne und Verstand selbst etwas auszusagen. Deshalb hat schon Buddha den Sinnen jede Verläßlichkeit als Quellen fundierter Erkenntnis abgesprochen.

Darüber hinaus ist unser Unbewußtes voll von Vorstellungen, Konzepten und Glaubenssätzen, die unhinterfragt unser Denken, Fühlen und Tun bestimmen und uns den Blick des Geistes und des reinen Bewußtseins auf die Wirklichkeit verstellen. Vielmehr liegen diese wie ein Schleier über unserem wahren Selbst und wirken wie eine Matrix, die unsere unbewußten Gedanken, Emotionen und Handlungen generiert. Somit stehen wir unter der Herrschaft des Unbewußten und nicht unter der wahren Wissens als Frucht einer Erkenntnis im Lichte göttlichen Bewußtseins.

Diese unbewußten Vorstellungen gliedern sich ihrerseits in die reinen Sinneswahrnehmungen und die Gedanken und Emotionen unseres Gemüts. Erstere nannte Plato αισθεσις □(Sinneseindrücke) die zweiten aber δοξαι (Meinungen). Unter den Meinungen unterschied er wiederum die „richtigen" von den „falschen" Meinungen. Selbst die richtige Meinung (ορθος δοξα) ist Nicht-Wissen, weil sie, auch wenn sie mit der Wirklichkeit überstimmt, doch nicht aus eigener Erfahrung stammt und damit auch nicht durch unmittelbare und eigenständige Erkenntnis geprüft und einsichtig ist. Sie ist bestenfalls geborgtes, nicht aber authentisches Wissen. Nur letzteres ist über jeden Zweifel erhaben, weil es selbständig und aus unmittelbarer innerer Erfahrung stammt, also quasi durch das eigene Sein bestätigt und damit wirklich evident ist.

Während wir wirkliches, evidentes Wissen als Episteme oder Gnosis bezeichnen, haben die Alten das geliehene oder trügerische Wissen insgesamt unter dem Begriff der Doxa subsummiert.

Heute sprechen wir – insbesondere, wenn es um echte Selbsterkenntnis bzw. die unmittelbare Kenntnis unseres wahren Selbst geht, – im Falle des Nichtwissens von Unbewußtheit und im Falle der Selbstverwirklichung um volle Bewußtheit. Die Hinduschriften nennen diese kontrastierend „Avidya" – Unwissenheit und „Vidya" – Erkenntnis.

Den Kommentar zu dieser Sutra betreffend, heißt es nun: „Ajnana oder Unkenntnis der eigenen wahren Natur, die sich in Form eines falschen oder beschränkten Wissens manifestiert, ist die Ursache der Gebundenheit; sie gründet auf einer falschen Identifikation mit dem unvollkommenen individuellen Selbst (Jiva).

Und die Upanishaden definieren „Maya" – die Große Illusion, als Verwechselung des Selbst (Atman) mit dem Nicht-Selbst (Körper oder Individualität) und des Nicht-Selbst mit dem Selbst.

Das ist wahrlich Täuschung höchster Konsequenz.

Alles in allem haben Heraklit, Sokrates und Plato – wie auch die Weisen Indiens oder Chinas – betont, daß der wahre Mensch sich unter anderem darin vom Schlafenden oder Unbewußten unterscheide, daß er „weiß, was er weiß und weiß, was er nicht weiß." Dies betrifft in erster Linie das Wissen um sich selbst, aber auch das um Gott und die Welt.

Die großen Weisen aller Zeiten und Kulturen haben auf der Grundlage einer tiefen Schau des Ursprungs und Ganges der Welt und des Lebens jedes Interesse an Wissen gelassen. Wie sie wissen, ist sowohl der Anfang als auch das Ende aller Dinge ungewiß und in stetigem Wandel. In Kenntnis des Gesetzes, daß alles so wird und geschieht, wie es der Logos hervorbringt und wirkt, haben sie sich völlig dem Wandel der Dinge und dem Flusse des Lebens überlassen.

Wer kein Ego hat, ist eins mit dem Logos; er hat weder Interesse an der Welt noch irgendein Begehren. Ihm ist alles gut, wie es ist.

Frei von jeglichem Interesse und Begehren, nimmt er an, was das Leben bringt und müht sich nicht um das, was er nicht hat. Er tut nichts und doch bleibt nichts ungetan. Die Chinesen nennen diese Haltung Wu-Wei, die Veden das Nicht-Tun.

Sutra 4: *Jnanadhisthanam Matrika.*

"Die Wurzel oder Basis (Dhisthanam) der durch die drei Malas oder Unvollkommenheiten – Anava Mala (ursprüngliche Begrenzung durch falsche Identifikation), Mayiya Mala (Täuschung, Ignoranz) und Karma Mala (Auswirkungen von Handlungen) – beschränkten Erkenntnis (Jnana) ist Matrika, die verborgene, unbekannte Mutter (Matrix, Quelle, Ursprung) oder auch Urkraft der Gedanken und Worte, die sich in den Lauten und Buchstaben (kosmische Schwingung oder Äußerung) unserer Sprache manifestieren. Sie wohnt dem Alphabet inne und kommt in den unbewußten und bewußten Vorstellungen und Gedanken zur Wirkung und zum Ausdruck."

(Mala bezeichnet hierbei eine durch die Selbsteinschränkung des absoluten Bewußtseins verursachte Begrenzung oder Unvollkommenheit in der Welt der Erscheinungen. Eine ausführliche Erläuterung dieser Begriffe findet sich unter Teil III, Sutra 3)

Matrika ist die Matrix (der Schoß), Mutter und Schöpferin der Welt (des gesamten Universums). Auch ist sie die Wurzel und der Ursprung unbewußter und bewußter Vorstellungen, Handlungen und

Haltungen sowie Wurzel und Basis aller Erkenntnis und allen Wissens, das sprachlich artikuliert werden kann.

„Weder Sprache, noch Terminologie, Dichtung oder Schriften, weder Worte des Lobes noch des Tadels können die Welt der Buchstaben überschreiten." (Muktananda: Nothing Exists that is not Shiva, p 7) Vielmehr sind alle Gedanken und Vorstellungen, alle groben und feinen Formen der Schöpfung Manifestationen von Matrika. Matrika erhebt sich im Herzen der Herzen und offenbart sich schöpferisch als Ur-Kraft der Manifestation. Auch ist Matrika der Grund und Ursprung aller Gedanken und Gefühle, die sich innerlich erheben, ja das Wesen unseres kognitiven und mentalen Geistes (Citta, Manas) im Ganzen. Der Gedanke: „Dies ist ein Mann, das ist eine Frau, dies ist die Welt und das ist Gott" und das Gefühl: "Ich bin der Körper, ich bin groß, ich bin klein, sie oder er ist großartig, aber ich bin minderwertig" usw. – all das ist das Werk der Matrika. Daher ist Matrika auch die Ursache von Schmerz und Freude.

Mit anderen Worten, sie ist der Ursprung und die Essenz aller geschaffenen Dinge sowie Gedankenformen und Worte. In ihrer Form als nama-rupa, Name und Form, repräsentiert sie die objektive Seite von Gedanken und Schöpfung, den Aspekt der Erscheinung. In ihrer transzendentalen Form dagegen bildet sie ihre subjektive oder intentionale Seite, die in der unmanifesten, transzendentalen Wirklichkeit der reinen Ideen und der Höchsten Realität und Essenz von Sat-Cit-Ananda – Sein-Bewußtsein-Glückseligkeit – besteht.

So wie Matrika unseren Geist dazu bringt, sich zu beschränken, so kann sie ihm helfen, sich wieder zu weiten. Indem sie sich ihrer eigentlichen Wurzel zuwendet, offenbart sie ihre wahre Natur: Bewußtsein und Glückseligkeit. Wer um ihre wahre Form weiß, erlangt transzendentale Erkenntnis und letztendliche Befreiung.

Sutra 5: *Udyamao Bhairavah.*

Bhairava ist ein Sanskrit-Ausdruck für reines Bewußtsein. Und Udyama meint einen plötzlichen Geistesblitz reinen Bewußtseins, einen Strahl Citi's. Somit ist die Sutra wie folgt übersetzbar: „Ein plötzliches Aufblitzen (Hervortreten, Aufleuchten) des (transzendentalen) Bewußtseins ist Bhairava oder Shiva." Oder andersherum, Bhairava, der transzendente Urgrund allen Seins, enthüllt sich in einem plötzlichen Aufleuchten ihres transzendenten Lichts selbst.

Bhairava (Gewahrsein) ist Übung, und Übung ist Bhairava. Gewahrsein ist die Natur unseres wahren Seins. Und das Erwachen zur Fülle unseres Seins, die sich nur im strahlenden Licht reinen Gewahrseins enthüllt, kann lediglich durch Konzentration erreicht werden, die sich direkt auf das reine Gewahrsein richtet. "Shiva kann nur durch die Mittel Shivas verwirklicht werden." In anderen Worten: "Gewahrsein kann nur durch Gewahrsein erreicht werden". Und da das Gewahrsein des Selbst ihm stets selbst anfanglos innewohnt, bedarf es nur des Sich-nach-innen-Wendens, um seinen vollen Glanz zu erfahren. Daher sagt Muktananda: "In diesem Gewahrsein zu verharren, ist die rechte Bemühung des Suchenden."

Die Absorption des individuellen Bewußtseins im göttlichen ergibt sich gewöhnlich aus einem erwachenden Gewahrsein, das durch Anugraha (göttliche Gnade) verliehen, gleich einem Funken von Citi aus Param-Atman hervorspringt.

Solch ein Strahl des Höchsten Lichts (Prathiba) in Form eines plötzlichen Aufstiegs reinen Bewußtseins, das nun als ungebrochenes Gewahrsein aufstrahlt, ist Shivashakti (Einheit von Shiva und Shakti). Es ist Bhairava, denn es erfüllt und durchdringt (bhri) jeden Fleck und jedes Staubkörnchen des Universums und der individuellen Seele (Jiva, Purusha) und fegt alle Malas der Täuschung (Maya) in ihr hinweg. Allein die vollständige Absorption und gleichzeitige Auslöschung der gesamten Gedankenwelt (Mind), das ist der Vikalpas, welche für die Erfahrung von Unterschied und Vielfalt verantwortlich sind, in denen Shiva das Universum in sich aufrecht hält, führt zur Erkenntnis und dem bleibenden Verweilen im Selbst. Das ist die Umkehrung des Schöpfungsprozesses in unserem Bewußtsein. Sie führt alle von Paramashiva ausgegangenen Shaktis zurück in die eigene Selbstheit und manifestiert Ihn und Alles als das ursprünglich eine und einzige, ewig selbstleuchtende Selbst.

Wenn wir unsere eigene Erfahrung bewußt reflektieren, werden wir entdecken, daß dieses Licht schon im unverwirklichten Zustand nicht nur unser alltägliches Leben begleitet und erhellt, sondern auch regelmäßig jedoch meist in sehr sublimer, unbewußter Weise in uns aufblitzt, so daß man seiner erlösenden Wirkung nicht teilhaftig wird. Doch mit zunehmender Achtsamkeit werden allmählich die dunklen Wolken von Vikalpa hinweggefegt. Entsprechend dieser Wahrheit heißt es:

"Während man noch in einen Gedanken vertieft ist, erhebt sich schon ein anderer; der Zeitraum zwischen den beiden ist Unmesa – das momenthafte spontane Aufleuchten der wahren Natur des Selbst, das die Grundlage und den Hintergrund beider Gedanken bildet." Jeder kann dies bei sich selbst erfahren. (Spanda Karika III, 9)

(Vergleiche auch: Tripura Rahasiya, Kap. XV)

Unmesa kann mit den spontanen Khumbakas verglichen werden, der Erfahrung des spontanen Atemstillstands zwischen Ein- und Ausatmung, welche auf die Aktivität der Kundalini zurückzuführen ist. Da sowohl der Atem als auch der Gedanke aus demselben Quellgrund aufsteigen, sollte man diese Zwischenphase erforschen und mit ihrer Hilfe in jenen Grund, das Selbst, hinabtauchen.

Sutra 6: *Shaktichakra-sandhane visvasamharah.*

Um diese Sutra ihrem Sinn nach zu verstehen, bedarf es der Kenntnis der Definition des Begriffes von Shaktichakra.

Definition: Unter Shaktichakra ist die Gesamtheit der Aspekte von Matrika-Shakti d.i. die Gruppe aller Shaktis, zu verstehen. Die Erkenntnis ihrer Gesamtheit gründet auf der Erfahrung der Natur und Wirkung jeder einzelnen Shakti für sich in Universum und individuellem Geist sowie ihrer operativen Verknüpfung untereinander. In dieser Verknüpfung bilden sie ein kollektives Ganzes, das als Yantra oder Chakra dargestellt werden kann.

Die Sutra besagt somit: „Indem man sich mit der kollektiven Gesamtheit aller Shaktis (Shaktichakra) vereinigt, erfährt man die Nicht-Getrenntheit des Universums vom Bewußtsein. Diese Vereinigung erfährt man über das intensive und ungeteilte Gewahrsein (die Ganzheitliche Schau von Matrika)."

In anderen Worten: Über die Vereinigung mit Shaktichakra (der Gesamtheit der konstitutiven Kräfte des Universums) gelangt man zur Erfahrung der Einheit von Bewußtsein und Universum.

Sutra 13: *Iccha saktir uma kumari.*

"Die Willenskraft eines Yogis, der sich mit Shiva in Kommunion befindet, heißt Uma (der Glanz Shivas), was auch Kumari (höchste Reinheit) ist."

Kommentar: Bhairavi ist Shakti von der Natur reinen Bewußtseins und Uma die Bezeichnung der Höchsten Shakti in der Form reinen konzeptionellen und schöpferischen Willens. Kumari – Ku bedeutet die Macht von Maya, das originäre Prinzip der Dualität, Marayati, jene Kraft, die seine Manifestation unterdrückt den zirkulären Prozeß von Schöpfung und Auflösung bewirkt – ist die Shakti, die die Namen und Formen aller anderen Shaktis trägt; zudem ist sie – wenn auch verborgen durch Yogamaya – die jungfräuliche Urheberin oder Gebärerin der Welt (Svacchanda). Sie ist die *conceptio immaculata* als Prinzip. Somit erläutern wir die Sutra durch:
„Sie, meine Iccha- oder Parashakti, allmächtig, aus sich selbst hervorgegangen, ist ...die jungfräuliche Ursache aller Welten." (Mrityunjayabhattaraka) Unberührt und ohne jeden Makel (Mala) steht sie jenseits von Gedanken und Dingen.
Kumari repräsentiert als Jungfrau den Status von Shakti vor und jenseits der verhüllenden Wirkung von Maya. In diesem Sinne folgt aus der Sutra, daß ein Yogi, der mit Shiva vereint ist, den Glanz Shivas (Uma) selbst ausstrahlt. Dieser entsteht durch die völlige Abkehr von aller Anhaftung, einer Verfassung und Tugend, die in

natürlicher Weise den Kumaris, das ist den göttlichen Jungfrauen, zukommt.

Sutra 14: *Drsyam Sariram.*
Drsya bedeutet "Objektivität". Sarira bedeutet „Hülle" oder „Körper". So meint die Sutra: "Alle äußeren und inneren Phänomene sind wie sein eigener Körper." Er erfährt das gesamte Universum als seinen eigenen Körper.

Was auch immer erfahren wird, ob innerlich oder äußerlich, alles erscheint dem Yogi als sein eigener Körper, den er sowohl als identisch als auch nicht-identisch mit sich selbst erfährt. Als nicht-identisch erscheint er insofern, als er nicht das Selbst ist, identisch dagegen, weil alles an der eigentlichen Wurzel seiner Manifestation als reine Shakti, das ist aber als das Selbst erfahren wird. So gleicht seine Erfahrung der Sadashivas, der das gesamte Universum als Seine Shakti betrachtet und mit dem Gefühl „Das bin Ich" belebt.

Sutra 15: *Hrdaye Cittasamghattad drsyasvapadarshanam.*

"Der individuelle Geist (Citta), der mit dem Licht des Bewußtseins (des ICH-BIN-Gewahrseins oder Logos) unteilbar eins ist, erfährt jedes beobachtbare (= objektivierbare) Phänomen – und sogar die Leere – als eine Form von Bewußtsein."

Kommentar: In der Auffassung des Kashmir Shaivismus ist Citta, das Herz, als Sitz des individuellen Bewußtseins, eine Kondensation (oder Kontraktion) von Cit, dem unbegrenzten universellen Bewußtsein. Citta entsteht somit als Residuum aus dem Abstieg und der Selbsteinschränkung jenes unendlichen Allgeistes in eine begrenzte Form (etwa eines Kristalls). Als solche manifestiert sie sich als individuelles konditioniertes Bewußtsein bzw. bildet sie selbst das Herz als den Sitz der Individualität (Sanskrit: den Jiva).
Wie Citta eine Kontraktion von Cit, so kann der Jiva (das individuelle Selbst) als Kontraktion Shivas verstanden werden. Das

heißt aber, daß Citta von der Natur reinen Bewußtseins (Cit) und der Jiva wesenhaft Shiva ist. Da Citta (der individuelle Geist) die konstitutive Essenz des Individuums (Jiva) (beziehungsweise seiner Individualität) ist, bezeichnen Citta und Jiva ein und dasselbe.

Daraus folgt weiter, daß der Yogi, wenn er die Regungen seines Herzens (Citta) bis in deren Ursprung in Cit zurückverfolgt bzw. – in der Meditation sein individuelles Bewußtsein (Citta) zu seinem Ursprung emporhebt, dort in Brahman (=Cit) aufgeht.

Sutra 16: *Suddhatattva-sandhanand va-apasushaktih.*

„Durch das Gewahrwerden des Reinen Seins erlangt man unbegrenzte göttliche Kraft."

Paramashiva oder der Logos, der die höchste Macht und Wirklichkeit ist, ist selbst nichts als Reines Sein und Bewußtsein. Wer den Logos als seinen Kern und sein Wesen erkannt und in Ihm seine wahre Identität gefunden hat, der ist mit und in ihm auch zur Herrschaft über die drei Welten gekommen; er ist ein Trismegostos, ein dreifacher Meister, geworden.

Er erkennt und erfährt sich selbst als Quellgrund und Ursprung der Welt und des Kosmos, natürlich nicht als Kreatur und Individuum, sondern in dem glückseligen Quellgrund seines allgegenwärtigen, universellen schöpferischen Ich. Er erfährt: „Ich bin der Anfang und das Ende und des Lebens Mitte." „Ich habe aus mir selbst Himmel und Erde hervorgebracht – ohne jegliche Hilfe oder Mitwirkung irgendeines Zweiten." Das ist die ganz persönliche Erfahrung eines jeden, der die Emanzipation seines Selbst in Mahashakti erlangt hat.

In diesem Sinne haben schon Heraklit, Plato und Plotin die Seele selbst als προτουργος αιτια □ als erstbewirkende Ursache der Schöpfung, bezeichnet. Letzterer sagt: "So bedenke also zuerst jede Seele dies, daß sie selbst es ist, die alle Lebewesen erschaffen hat und ihnen Leben einhaucht, ... daß sie die Sonne und unseren gewaltigen Kosmos schuf, ihn formte und in bestimmter Ordnung kreisen läßt; und daß sie all das tut als Entität, die doch und stets verschieden ist von all den Dingen, die sie formt, bewegt und lebendig macht; daß sie notwendig von größerer Würde ist als diese, denn sie werden und vergehen, je wie die Seele ihnen Leben spendet oder sie verläßt, sie selbst aber ist ewig, weil sie sich selbst niemals verläßt." (En. V 1, 2, 1 – 9 & Plato, Phaedros 245 C9)

Die Allseele (Sanskrit: Purusha; Hebräisch: Nishmat Elohim, Sh'khinah; Griechisch: ψυχη προτη, ψυχη του παντος ist nicht nur Ursprung aller individuellen Seelen (Sanskrit: Jivas; Hebräisch: Peratot, Neshamot, Jechidot; Griechisch: ψυχην) als deren Emanation (ακροβολισμοι) oder Aussaat in den Kosmos, sondern auch Ursprung und Substanz (ουσια) der gesamten sinnlich erscheinenden Welt samt ihrer Objekte; diese welterzeugende Kreativität kommt aber nicht nur der Allseele, sondern überhaupt jeder Seele zu.

Wie Sri Shankaracharya sagte: „Dieses sichtbare Universum hat seine Wurzel in der gedanklichen Schöpfungskraft des Geistes", wobei hier mit „Geist" die individuelle Geistseele gemeint ist. Die Entstehung der Welt geschieht dadurch, daß ein schöpferisches Prinzip, der Logos oder die Seele, die formlose Hyle, auch „Amme" oder „Mutter" des Werdenden genannt, nach dem oberen Bild des Ideenkosmos durchwirkt, durchformt und ausgestaltet; die innere Entfaltung und Ausgestaltung der werdenden und vergehenden Dinge nach der Ordnung der transzendentalen Ideen, das ist Werk und Wirken der Weltseele und der ihr (vereinten) strukturgleichen Einzelseelen.

In anderen Worten: „Der Yogi, der mit dem Logos bzw. der Matrika Shakti eins geworden ist, erfährt sich als Ursprung und Schöpfer des Alls."

Sutra 17: *Vitarka Atmajnanam.*

"Schwankungsfreies (Ungetrübtes) Gewahrsein (Vitarka) allein ist wahre Erkenntnis und Verwirklichung des Selbst (Atmajnanam)."

"Ich bin derselbe Paramshiva, der das Universum geworden ist und der in seinem Herzen weilt." Wem dieses Gewahrsein in reiner Form zuteil wird, der hat das wahre Wissen vom inneren Selbst erlangt, das alle Namen und Formen annimmt. Er ist der höchsten Wahrheit gewahr geworden, selbst die alles durchdringende Wirklichkeit Göttlicher Glückseligkeit zu sein. Anstatt sich mit Form und Namen zu identifizieren, bleibt er stets im Zustand ungetrübter Allwissenheit und Allmacht, ewig vollkommen, unbeeinträchtigt vom Wandel der Erscheinungen. In diesem Gewahrsein gilt: „Ich bin derselbe Paramshiva, der der Eine und das Selbst von allem ist."

Für solch eine Seele gibt es nichts zurückzuweisen und nichts zu erstreben, sie hat sich selbst als das eine Sein und Bewußtsein jenseits von allem erkannt und gefunden. Sie ist die „Quinta essentia", das Alles-in-Allem.

Sutra 18: *Lokanandah Samadhisukham*

Die Glückseligkeit eines Yogi im Gewahrsein seiner wahren Natur, in der er sich selbst sowohl als Subjekt als auch als Objekt der Welt erfährt, ist die Wonne des Samadhi (im Sinne fortwährenden Gewahrseins) des Selbst.

„Die Erfahrung von Subjekt und Objekt ist allen verkörperten Wesen gemein. Wenn zwei unverwirklichte Menschen einander betrachten, erscheinen sie einander als Objekte (=als einander gegenüber). Für den Jnani (den Erwachten) dagegen ist das Objekt der Betrachtung ausschließlich sein eigenes Selbst. Für ihn sind Subjekt und Objekt der Betrachtung ein und dasselbe. Er ist sich wohl der Unterschiedlichkeit eines jeden Wesens in dieser Beziehung bewußt,... befindet sich aber gleichzeitig im Zustand höchsten Entzückens, das auf das Ambrosia zurückzuführen ist, das in seinem Selbst empor quillt, wenn er das gesamte Universum als Spiel des Bewußtseins betrachtet." (Vijnanabhairava, Verse 106 & 65)

"Für ihn sind alle Welten Schwingungen des einen Selbst, pochend vor Glückseligkeit. Es ist die Glückseligkeit von Loka, der Ekstase des Samadhi." (Muktananda: Nothing exists That is not Shiva, p 23)

Sutra 19: *Saktisandhane sarirotpattih*

Wenn der Yogi völlig gesammelt mit Iccha (Shakti) vereinigt ist, vermag er sich aus freien Stücken jeden beliebigen feinstofflichen aber auch grobstofflichen Körper zu erschaffen (materialisieren).

Wir denken dabei etwa an den von Sri Yogananda in seiner Autobiographie erwähnten Swami Pranabananda, den Yogi mit zwei Körpern.

Sutra 21: *Suddhavidyodayat chakreshatva-siddhih*

"Durch den Erwerb von Suddhavidya, dem "Ich bin alles"-Bewußtsein, erlangt man Gottesherrschaft über das Shaktichakra des Universums (das kollektive Ganze aller Shaktis)."

"Wenn reine Erkenntnis aufsteigt, ist die Herrschaft über alle kosmischen Kräfte erlangt. Shivaschaft ... ist perfektes Gewahrsein ... der Erkenntnis, selbst Shiva zu sein, die höchste Ursache von allem im Zustand Seiner Vollkommenheit und Fülle." (Muktananda: Nothing exists That is not Shiva, p 23)

Hinter dieser Aussage steht das Wissen um die grundsätzliche und universelle Konstitution aller geschaffenen Wesen und Dinge. Wie wir unter 6. 2. 1 gesehen haben, „ist alles, was gemacht ist, durch das Wort gemacht und nichts, das gemacht ist, ist ohne es gemacht." Das Wort aber, durch das das Geschaffene geschaffen ist, ist dessen (metaphysischer) „Name" als Klangschwingung, die aus verschiedenen Buchstaben oder „Phonemen" zusammengesetzt ist und die spezifische Gestalt oder Identität des jeweils partikulären Wesens oder Dinges (nach seinem Urbild) ausmacht.
Der transzendentale Grund und Ursprung von allem und jedem ist – wie wir bereits mehrfach gesagt haben – ein jeweils spezifisches

Urbild bzw. eine diesem zukommende bestimmte Zusammensetzung von konstitutiven Prinzipien und Ideen, die durch den Logos oder die Matrika in Form einer Ganzheit – eines Synholon – manifest werden. Der Logos bzw. die Matrika hat ihn bei seinem Namen, d. i. durch die Artikulation ihrer konstitutiven Prinzipien, ins Sein gerufen. Diese Prinzipien können als Buchstaben aufgefaßt werden, die schließlich in einer bestimmten Anordnung das Wort oder den Namen (d. h. die spezifische individuelle Form) des betreffenden Dinges bilden, das durch es oder ihn ins Sein gerufen ist. So wie das konkrete Ding aus Akzidenzien und Prinzipien aufgebaut ist, besteht auch das Wort oder der Name aus einer wohlgeordneten Kombination von Buchstaben. Gemäß der Entsprechung zwischen Buchstaben und Akzidenzien bzw. Prinzipien sind Wort und Name Abbilder der sie bezeichnenden Wesen und Dinge, im Ursprung aber ein- und dasselbe.

In Shaivismus und Samkhya-Philosophie werden solche Gruppen von Buchstaben oder Prinzipien als Chakren oder „Girlanden" bezeichnet. (Siehe auch die Erläuterung zu Sutra 6) Ein Chakra ist danach eine Gruppe von Buchstaben, deren Anordnung eine bestimmte Gestalt (einen Namen) konstituiert und als diese die Gruppe der das durch sie bezeichnete Wesen oder Ding konstituierenden Shaktis darstellt.

Die Gesamtheit aller Buchstaben (konstitutiven Prinzipien) bildet das Chakra der Matrika selbst. Die Kenntnis dieses Chakra bzw. die Verfügungsgewalt über deren einzelne Prinzipien, also über Matrika als Ganzes, nennt man Suddhavidya.

Während wir in Sutra 2 das Lassen als höchste Weisheit und Freiheit des Yogi konstatiert haben, gehen wir hier noch einen Schritt weiter, indem wir ihm über das Lassen hinaus die gottähnliche Verfügungsgewalt über die schöpferischen Kräfte des Logos (d. i. der Matrika-Shakti), also gottähnliche Schöpferkraft zuschreiben.

Nachdem wir in Sutra 14 das ganze Universum als seinen Leib bezeichnet haben, folgt ja, daß seine verwirklichte – mit Gott geeinte – Seele den Logos als ihre eigene innere Kraftfülle und Wirklichkeit erfährt, sich also mit Gott als Schöpfer eins weiß. Sie empfindet sich selbst als Ursprung und Substratum des Universums. Die

Konstatierung seiner Verfügungsgewalt über Matrika-Shakti ist hier nur noch ein Akt der Vervollständigung unserer Erklärung.

Hier noch die Erläuterung von Jaideva Singh: „Wenn der Yogi sein individuelles Bewußtsein mit Para-Shakti vereint, indem er sein Gewahrsein im starken Wunsch (Mumukshuta) auf sein Ziel richtet, universelles Bewußtsein zu erlangen, dann gelingt es ihm durch den Erwerb von Suddhavidya, sich die höchste Macht Shivas in Form vollständiger Herrschaft über das universelle kollektive Ganze aller Shaktis anzueignen."

Diese Stufe wird auch Unmana Avastha genannt. Unmana bedeutet „jenseits von Manas", des Fassungs- und Gedankenvermögens unseres rationalen Geistes.

„Da es kein anderes Vidya gibt als sie, ist sie das höchste Vidya. Aus diesem Grunde erlangt der Yogi mit dem Erwerb dieses Vidya (das Suddhavidya ist (hier in der Bedeutung des höchsten Bewußtseins, in dem jedes Ding als (eine Manifestation) des Selbst erscheint)) alle göttlichen Qualitäten wie Allwissenheit, Glückseligkeit, Allmacht etc. mit einem Mal. Sie wird als Vidya bezeichnet, weil sie die Erkenntnis und Verwirklichung der anfanglosen Qualität von Shiva (oder dem Selbst) bewirkt, welche Svatantrya Shakti ist; sie vermittelt das Wissen um das Höchste Selbst und zerstreut alles, das nicht das Höchste Selbst ist. Verankert im Unmana-Zustand manifestiert der Yogi zugleich das höchste Licht (das Licht des ersten Cit) und den Ursprung (Citi oder Logos), das ist alle Macht, die dem Shivastand zueigen ist." (Svacchanda Tantra IV, Verse 396 - 397)

Diese Erfahrung ähnelt den Zeugnissen christlicher Mystiker: „Indem man den Heiligen Geist erlangt, erhält man all seine Gaben mit einem Mal: Die erste ist die Gabe, Gottes Wort zu sprechen, die zweite, die der Heilung und die dritte, die, Gottes Willen zu wirken.

Vidya ist abgeleitet von der Wurzel "Vid", was "betrachten", überdenken" und "wissen" bedeutet. „Vid" ist aber auch die Wurzel des griechischen Begriffs „Idea", des lateinischen Verbs „videre" (sehen) und des deutschen Worts „Wissen".

Es ist Parama Shiva, der der Grund und Ursprung des gesamten Weltengangs ist, die Höchste Wirklichkeit, Sat-Cit-Ananda, sowie die Wurzel von Parashakti (Logos), der Höchsten Schöpferischen Kraft, die alle anderen Kräfte enthält.

„Wenn sich der Yogi im Verlangen nach übersinnlicher Wahrnehmung (in Konzentration) unerschütterlich versenkt und darin alle Dinge mit dem Licht seines Bewußtseins durchdringt, dann erfährt er die ganze objektive Welt mit einem Schlag als Manifestation von Shakti in sich selbst." (Spanda Karika III, 11) Eins mit dem Ursprung aller Dinge, erfährt er sich selbst als Urheber und Schöpfer der Welt.

Wenn der Yogi mit Iccha Shakti eins geworden ist, kann er übermenschliche Kräfte offenbaren. Hat er aber die Macht kosmischen Bewußtseins erlangt, erfährt er das gesamte Universum mit einem Schlag, nicht in kleinen Schritten, als sein Selbst. (s. Paulus)

In Sutra 14 wird gesagt, daß der Yogi seine Identität mit jedem Objekt erfährt. Sein Bewußtsein besteht in der Form von "Ahamidam" oder "Ich bin das" hinsichtlich jeden einzelnen Objekts; Sutra 21 zeigt nun, daß für jeden Yogi, der im kosmischen Bewußtsein weilt, die Erfahrung in der Form von „Ahameva Sarvam" besteht, „Ich selbst bin alles!".

Während sich Sutra 14 auf die Früchte der Erkenntnis eines spezifischen Gebietes bezieht, bezieht sich Sutra 21 auf die Frucht des universellen Wissens, das Wissen von Gott und Selbst als Wurzel und Ursache allen Seins

Bei diesen Erläuterungen lohnt es, länger zu verweilen, denn der Weg zu und der Stand in der in ihr genannten Erfahrung (von Suddhavidya) beinhaltet verschiedene Stufen und Ebenen. Am Anfang steht das Hineinwachsen in die Verbindung und Kooperation mit den Wesenheiten und Kräften der geistigen Welt. Darin werden wir allmählich der Identität und Einheit mit all jenen Qualitäten und Energien, die sie manifestieren, bewußt. Wir erkennen, daß das, was sie uns in den Akten ihrer Liebe und den Begegnungen (Darshans) mit ihnen vermitteln, auch in uns selbst ist. Sie erwecken durch ihre Präsenz und Verbindung mit uns genau diejenigen Qualitäten und Energien (Shaktis) in uns, die sie selbst ausmachen und verkörpern. Sie erwecken in uns Gleiches mit Gleichem. Die Berührung unseres Herzens erweckt jene Qualitäten und Kräfte in uns, die sie „sind" und derer wir uns in uns bisher nicht bewußt waren. So lernen wir – zuerst in der Verbindung mit ihnen, sodann aus dem Grund unserer selbst – mit jenen Kräften und Energien umzugehen und zu agieren.

So lernen wir etwa durch sie, andere Menschen in Geist und Seele, Emotion und Körper zu heilen, das ist aber gestörte Ganzheit aus der Rückbindung mit der Kraft des Ursprungs (Logos oder Matrika-Shakti) wiederherzustellen. Wir erfahren, daß wir, wenn wir in Einklang und Einheit mit Gott und dem Universum sind, gleichsam Vollmacht haben über Seine Kräfte und Energien. Wie wir's „befehlen" (etwa den Wesenheiten des Lichtes oder in der Invokation der sieben Strahlen), so geschieht's und wird's vollbracht. In der wachsenden Erkenntnis, daß alle Wesenheiten – insbesondere die des Lichts (wie Jeshua, Krishna, Shiva, alle Erzengel und Götter etc.) – und der ganze Kosmos letztlich nur eine Manifestation des einen Selbst sind, wachsen wir allmählich hinein in ein Bewußtsein der Alleinheit. Ich bin mit allen und allem eins. Alles ist eine Manifestation des Selbst. Und das bin ich. (Aham-Brahmasmi, Shivo-Ham)

Aus dieser Erfahrung und diesem Stand heraus vermag der Mensch unmittelbar Gottes Willen und Werk zu wirken. Wie Baal Shem Tov sagte: „Wenn ich meine Hand zum Segnen hebe, hebt Gott die Seine zum Segnen." Alles, was ich in diesem Bewußtsein tue oder lasse ist dann unmittelbar Gottes Tun oder Lassen.

Der Weg zum nächsten Schritt ist dann nicht mehr weit: So wie ich im Heilprozeß gestörte Ganzheit einer Seele oder eines Körpers aus der Kraft des Ursprungs wiederherzustellen vermag, so vermag ich, wenn ich vollends und ganz im Ursprung aufgegangen, sprich mit Ihm eins geworden bin, aus Seiner Allmacht alles Wirken, das ist aber sowohl Erschaffen, als auch Auflösen. Das ist Materialisation nach dem gleichen Gesetz und aus der gleichen Kraft, nach dem bzw.

aus der Gott die Welt hervorgebracht hat. So hat etwa Bhagawan Sathya Sai Baba ohne jede Form von Anstrengung immer wieder Gegenstände materialisiert und verschenkt. Und so hat Adam in Anwendung des Schöpfungsprinzips seinen dritten Sohn Set nach seinem Bilde und zur Erfüllung einer spezifischen Bestimmung erschaffen, wie er selbst von Gott nach dessen Bild erschaffen wurde. (Siehe Genesis, Kap. 1. 26 - 27)

In innerer Kenntnis und Anschauung des transzendentalen Wesens (Urbildes) und der substantiellen Zusammensetzung eines vorgestellten Gegenstandes, kann dieser aus der transzendentalen Kraft des Selbst ins Sein gehoben d. i. materialisiert werden. Das ist kein Hokuspokus, sondern Anwendung göttlich-geistiger Gesetze. Das ist auch die einfache Erklärung der Verwandlung von Wasser in Wein durch Jeshua auf der Hochzeit zu Kanaan. Der, der vollends freigeworden und in der transzendentalen Wurzel des Selbst (oder des Vaters) fest verankert ist, der hat vom Allmächtigen die Vollmacht über sämtliche schöpferischen Kräfte (Shaktis) erhalten. Er kann sie frei gebrauchen oder lassen. Das ist der Inhalt dieser Sutra.

Sutra 22: *Mahahradanu-sandhanan-mantra-viryanubhavah*

„In der Vereinigung (seines Geistes (Mind)) mit dem großen Meer (= dem grenzenlosen Reservoir Göttlicher Kräfte) hat er das höchste ICH-Bewußtsein erlangt, das die schöpferische Quelle (Virya) aller Mantren ist."

Das zutiefst verehrungswürdige Höchste Bewußtsein (Citi, Para Samvit, Parashakti, Paravak oder Svatantrya), das Iccha Shakti als die erst-ursprüngliche Shakti hervorbringt, die das Universum (von den feinsten bis zu den grobstofflichen Objekten) projiziert, ist wie ein großes Meer. Es wird so genannt, weil es die gesamte Gruppe von Khecari (bezogen auf Pramata, das erfahrende Subjekt), Gocari (bezogen auf Antahkarana, das innere psychische Organ, das aus Sinnesbewußtsein und Verstand (Manas), Gedächtnis (Citta), Intellekt (Buddhi) und Ich-Sinn (Ahamkara) besteht), Dikcari (bezogen auf

Bahiskarana, die äußeren Sinne Sehen, Hören, Tasten, Riechen, Schmecken) und Bhucari (bezogen auf die Bhavas, die äußeren Objekte und die Bhutas, die grobstofflichen Elemente) in Bewegung setzt, weil es ferner durchscheinend (insofern als es das ganze Universum in sich reflektiert), unverschleiert (da es wie ein Spiegel reflektiert) und unergründlich tief ist.[2]

In Malinivijaya wird gesagt: "Sie ist die Shakti des Schöpfers der Welt; es heißt, sie befindet sich in ständiger, intimer Vereinigung mit Ihm, und wird zu Iccha, dem Verlangen (bzw. der Schaffenskraft (Griechisch: Ευαρεσκεια)) Gottes, hervorzubringen bzw. aus sich herauszugehen." (III, 5)

Dieses Verlangen ist der Anfang aller Schöpfungsintention und auch des Eros bzw. des Zeugungsverlangens der individuellen Seele solange sie sich nicht in sich gefunden hat.

Indem Shakti in der Form von Matrika und Malini, einer Vielgestalt von fünfzig Buchstaben mit Iccha Shakti (Göttlicher Willenskraft) als führender Macht, in der das gesamte Universum keimhaft verborgen und angelegt ist, erscheint, begründet sie das Mantra des ICH-Bewußtseins. So ist Shakti selbst das große Meer.

Wenn also der Yogi seinen Geist (Citta) mit Ihr vereint, erfährt er die Macht des Mantras nach der Natur von Matrika und Malini.

Die Shakti Chakren erschließen den Prozeß der Vergegenständlichung des universellen Bewußtseins (in diversen Stufen seiner Gestaltwerdung). Durch jede Gruppe von Shaktis (Buchstaben) wird das allwissende und alles durchdringende Bewußtsein auf einen mehr und mehr begrenzten Zustand reduziert,

---

[2] „Wenn sie sich in den himmlischen Gefilden des Bewußtseins bewegt, wird sie Khecari genannt; wenn sie als vierfältiges inneres psychisches Instrument tätig ist, ist sie als Gocari bekannt, wenn sie sich in verschiedene Richtungen (durch die Sinnesorgane) ausdehnt, ist sie Dikcari; und wenn sie sich auf der Ebene der Erde (im Hervorbringen verschiedener Objekte) manifestiert, ist sie als Bhucari bekannt. Parashakti bleibt absolut rein und unbefleckt, während sie das ganze Universum in sich Selbst wie ein Bild im Spiegel reflektiert." (Muktananda: Nothing Exists, p 25)

zunächst durch Khecari (von Kha oder Akasha, dem Symbol reinen Gewahrseins, wörtlich in der Bedeutung: das, was sich im Himmel oder leeren Raum bewegt) – auf den Zustand eines begrenzt Erfahrenden, durch Gocari (Go zeigt die Bewegung an) wird es mit einem inneren psychischen Organ (Antahkarana) ausgestattet , durch Dikcari (Dik bedeutet Raum oder Sinneserfahrung) ist es mit Sinnesorganen versehen, und durch Bhucari (Bhu meint Existenz oder Bhutas, die groben Elemente) gelangt es zur Manifestationen in Form empirischer Objekte.

(Siehe „Kancukas": weiter unten unter „Tattvas")

Was ist Matrika-Malini? Matrika (Matri, Mutter; ka in der Bedeutung: versteckt, verborgen) weist eine Konnotation mit den fünfzig Buchstaben des Sanskrit Alphabets in einer regelhaften Ordnung auf, Malini, das sich etymologisch von "Malate, Visvam Antah Dhatte", „das Eine, das das Universum in sich selbst enthält", ableitet, konnotiert die fünfzig Buchstaben in einer noch spezifisch unregelmäßigen Ordnung.

Malini ist das Eine, das die Matrika als Girlande von Buchstaben in sich birgt und aus sich zur Entfaltung bringt und mit ihr das gesamte Universum in sich enthält. Das ganze Universum ist somit (in der Form eines Samens) im Schoß (Matrix) der Matrika Shakti enthalten; es liegt darin in latenter Form.

Jedes geschaffene Ding ist eine Manifestation einer geordneten Gruppe von Shaktis. Es wird durch Matrika Shakti als eine Form oder Reihe von Buchstaben hervorgebracht (manifestiert). Das heißt in unserer Sprache: Jedes Ding und jedes Geschöpf wird durch den Logos bei seinem Namen (als Ausdruck eines Atomon Eidos oder elementaren Urbildes) ins Sein gerufen. Der Name bildet die geistige Gestalt, Gedankenform oder Schwingung der individuellen Form des vorgestellten partikulären Gegenstandes oder der Individualität. „Bei meinem Namen hat JHWH mich aus meiner Mutter Schoß gerufen." (Jesaja 49. 1))

Das Wissen um die Natur eines besonderen Dinges besteht in der Kenntnis (der korrekten Ordnung) der Gruppe von Buchstaben (als Repräsentanten der Shaktis), die es manifestieren; das ist die Kenntnis des substantiellen (oder metaphysischen) Namens des Gegenstandes, wie er dem Logos bzw. der Matrika Shakti (als schöpferischer Kraft des) universellen Bewußtseins innewohnt. Mit dieser Kenntnis wird vollkommene Herrschaft über ihn erlangt. Das ist das Geheimnis der Materialisation. Wenn wir die mantrische Struktur, d.h. den Buchstabenaufbau eines Dinges oder Wesens (das ist die eidetische Struktur seines Urbildes) kennen, können wir dieses, sofern wir fest im Seinsgrund des Selbst verankert sind, vermittels der schöpferischen Kraft des Logos erschaffen.

So kam auch die moderne Quantenphysik, wie zunächst von Erwin Schrödinger u. a. aufgezeigt und von J. A. Wheeler fortgeführt, bei der Erforschung der grobstofflichen Materie zum Schluß, daß auch ein materieller Gegenstand nichts anderes als ein Spannungs-Zustand (Spanda) des Raum-Zeit-Kontinuums, also eine Nicht-Entität im Kosmischen Bewußtsein ist. Plato hat das Hyle genannt.

In derselben Weise können wir sagen: Durch den Erwerb von Suddhavidya erlangen wir sowohl Erkenntnis der Natur als auch Macht über das Universum als Ganzes; Suddhavidya besteht ja in nichts anderem als der Kenntnis von und der Göttlichen Herrschaft über Parashakti, die höchste Macht Shivas (Bhairava, Parasamvid, Cit, reines ICH-Bewußtsein) – die auch Paravak, Iccha Shakti, Citi, Matrika und Malini Shakti oder das große Meer genannt wird – einschließlich der Gesamtheit der kollektiven Shaktis, die sich als Mahachakra oder Girlande der Buchstaben als der konstitutiven Kräfte oder Prinzipien (Sanskrit: Tatvas) des Universums manifestiert.

Somit ist zu sagen, daß Suddha Vidya nicht etwa aus einem integralen Wissen um die Gesamtheit der Dinge und Aspekte der Welt bzw. ihrer Wissenschaften hervorgeht, sondern aus der überbewußten Verwirklichung von und Herrschaft über Parashakti, als der einen, alle Aspekte und Tattvas (Prinzipien) in sich enthaltenden Urkraft des Seins. Diese Herrschaft und Erkenntnis, gewonnen aus der Einung mit der einen universellen Wurzel aller Prinzipien und Dinge, des Aham-Vimarsha oder Logos, das alle erreichbaren Kenntnisse und Wissenschaften umfaßt, ist kein Wissen in Stücken und Häppchen, sondern universelles transzendentales Wissen als ein Ganzes, mit einem Schlag erlangt, das zugleich alle spezifischen Kenntnisse und Wissenschaften der gesamten Varietät der Tattvas und Prinzipien (Matrika) des Seins abdeckt.

In anderen Worten erlangen wir Wissen um die Buchstaben, das ist Herrschaft über die durch sie repräsentierten Kräfte und Tattvas, indem wir zum Ursprung und den Wechselbeziehungen dieser Prinzipien und Modi selbst vordringen. Denn es sind diese fünfzig Buchstaben, die die fünfzig konstitutiven Schöpfungsprinzipien von Para Shakti selbst darstellen.

Dies ist auch einer der Aspekte der wahren Bedeutung des Ausrufes des Orakels von Delphi: „Erkenne dich selbst und du wirst Gott und den Ursprung des Alls erkennen."

Im Folgenden wollen wir eine komplette Liste dieser Tattvas jedoch ohne jegliche ergänzende Erklärung wiedergeben. Ein systematischerer und ausführlicherer Überblick wird erst in Kapitel 7 geboten.

Die Tattvas des Göttlichen:

(1) Shiva Tattva,

(2) Shakti Tattva,

(3) Sadashiva Tattva,

(4) Ishwara Tattva,

(5) Sadvidya oder Suddhavidya Tattva

Die Tattvas der Schöpfung:

(6) - (11) Maya Tattva und die fünf Kuncukas: Kala (begrenzte Urheberschaft), Vidya (begrenztes Wissen), Raga (begrenzte Glückseligkeit), Kala (Begrenzung und Zerlegung der Ewigkeit in die drei Zeiten), Niyati (Begrenzung hinsichtlich von Ursache und Raum);

Die Tattvas der Individualität:

(12) Purusha (Subjektivität),

(13) Prakriti (Objektivität),

(14) - (17) Die Tattvas von Antahkarana (dem psychischen Organ und dem Träger von Vernunft, Gedächtnis, Ich-Empfinden,

Verstand und Sinnesbewußtsein): Citta, Buddhi, Ahamkara, Manas;

(18) - (33) Die Tattvas der Sinneserfahrungen: Indriyas (Sinnesempfindungen) und Tanmatras (subtile Elemente (Qualitäten) der erfahrenen Sinnesgegenstände);

Die fünf Tattvas der Materie:

(34) - (37) Die Panca Mahabhutas (die fünf groben Elemente).

Wie bereits erwähnt, bezeichnet diese Sutra mit Suddhavidya das allumfassende Wissen von der Wirkweise und Funktion dieser Prinzipien, sowohl in ihrer Totalität, als auch in ihren spezifischen Aspekten.

Suddhavidya beinhaltet somit eine vollständige Einsicht in die Struktur und Dynamik der Schöpfung. Sie vermittelt die umfassende Einsicht in die Dialektik des Logos als eines Prozesses des Auf- und Abstiegs in Form von Differenzierung und Integration (das ist Trennung und Vereinigung von Shiva und Shakti) auf der Basis des Prinzips der coincidentia oppositorum, des Prinzips des Verbergens und Offenbarens (das ist von Maya), der Natur von Raum, Zeit und Ursache (den Kancukas), der Beziehung zwischen Subjektivität und Objektivität (Purusha und Prakriti), der Funktion des individuellen Geistes (Citta bzw. Anthakarana) sowie der Struktur und Dynamik der fein- und grobstofflichen Elemente (Tanmatras und Bhutas (physikalische Energien und Stoffe)).

Suddhavidya beinhaltet damit nicht nur die Totalität jener umfassenden Erkenntnis, bzw. jenes substantiellen Wissens, sondern den festen Stand in ihrem transzendentalen Grund. Als separate Aspekte dieses universellen Wissens beziehen sie sich auf die Gegenstandsbereiche der verschiedenen reinen Wissenschaften: Theosophie, Kosmologie, transpersonale und personale Psychologie, Biologie und Physik.

Die Hierarchie und Dichotomie, relationale Struktur und Muster der Dynamik und Interaktion der Tattvas in der Evolution dieser Schöpfung können wiederum vermittels des Kosmogramms des Sefirot- Baumes der Kabbalah dargestellt und erläutert werden (Siehe Abbildung 2)

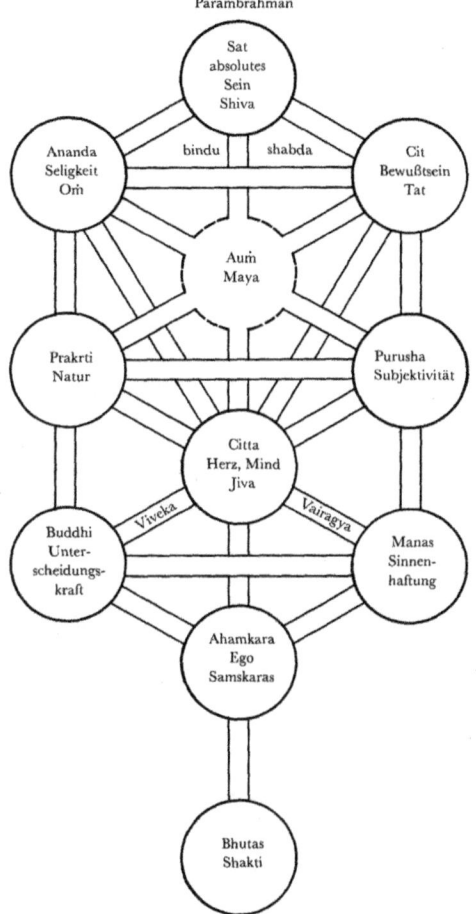

Abbildung 2: Der Tattva-Baum des Samkhya-Systems

Ausgehend von den drei höchsten Qualitäten des Absoluten (Parama Shiva oder Parama Brahman), die sich als reines Sein (Sat), reines Bewußtsein (Cit) und vollkommene, überquellende Glückseligkeit (Ananda) darstellen, finden wir in Hesed und Geburah entsprechend Purusha, das Prinzip von Individualität und

Subjektivität, und Prakriti, das Prinzip von Objektivierung und Substantialität als der innersten Essenz der Erscheinungen der Natur.

Sie bilden die beiden Grundpfeiler der relativen Welt und die beiden komplementären Erscheinungsformen des Absoluten, der Manifestation Seines Bewußtseins und Seiner Energie innerhalb der Relativität von Raum und Zeit. Den Schleier der Dualität (Maya) um sich gelegt, erscheint der Eine nun im Gewande von Vielheit, Raum, Zeit und Kausalität als dieses oder jenes Subjekt bzw. dieses oder jenes Objekt.

In seiner Synthese von Stoff und Bewußtsein manifestiert sich das eine Sein im Herzen (Citta) der Geschöpfe als Individualität (Jiva). Jiva ist der individuelle Kern des Menschen. Dieser Kern hat selbst zwei Pole („Zwei Seelen wohnen, ach, in meiner Brust"). Diese sind zum einen der Hang zur Verhaftung und zum Anklammern an die Welt der Erscheinungen, zum anderen aber die Erkenntnis des Einsseins mit dem Ursprung bzw. Sehnsucht und das Verlangen nach Einheit, Seligkeit, Glück und Liebe, mit einem Wort: nach der Rückkehr in seinen transzendentalen Ursprung und der Einung in Gott. Diese beiden Pole heißen Manas, das Sinnesbewußtsein, und Buddhi, die höhere Urteils- und Unterscheidungskraft (Viveka).

Aus Manas, der Verhaftung an die äußere Form, bildet sich Ahamkara oder das „falsche Ich". Ahamkara ist die Manifestation von Maya in der Form der Illusion, der Täter oder Urheber unserer Handlungen zu sein, im Individuum.

Aus Manas und Ahamkara gehen schließlich die Indriyas, die Tanmatras und die grobstofflichen Elemente hervor, die unseren physischen Körper bilden.

Aufbauend auf diesem System (Samkhya des Kapila) konzipierte der große Weise Patanjali den Weg des achtgliedrigen Yoga (Ashtanga-Yoga). Die acht Glieder dieses Weges sind in Abbildung 3 in Entsprechung zu den Sefirot dargestellt. Der Weg beginnt in Malkhut (von Jetzirah) mit der Übung und Wahrnehmung der rechten Haltung (Asana) des Körpers. Als Haus der Seele ist die Pflege des Leibes Voraussetzung für die innere Transparenz.

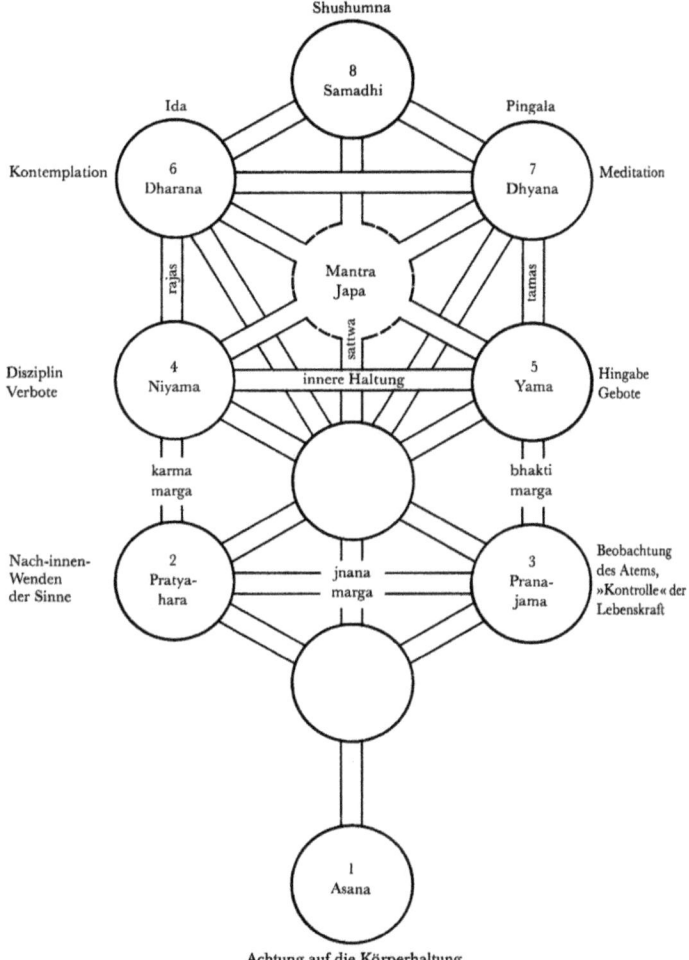

Abbildung 3: Der Ashtanga-Yoga Maharishi Patanjali

Über das Erlangen einer gelösten, aufrechten Körperhaltung hinaus hat der Hatha-Yoga eine ganze Fülle von Asanas (Körperhaltungen) aufgezeichnet, die als Übung der Körperbeherrschung und der inneren Transparenz äußerst dienlich sind.

Die zweite Stufe des Yoga ist Pratyahara, das Nach-innen-Wenden unserer Sinne und das „Abklingenlassen" der Reize und Gedanken.

In verstärkter Form sind es Tapas und Thyaga – Läuterung der Sinne und Entsagung ihrer Befriedigung – die hier geübt werden wollen.

Sind wir nach innen gewandt, so kommen wir über die Wahrnehmung der Atmung und der subtilen Gemütsbewegungen in unmittelbare Berührung mit dem Energiefluß des inneren Lebens. Diese Lebensenergie, die die Inder Prana nennen, frei strömen und ihrer innewohnenden Intelligenz zu überlassen, ist die ursprüngliche Bedeutung von Pranayama. Die freie Beobachtung des Atems und des inneren Stromes des Lebens ist ihre reinste Form. Indem wir Atem und Lebensstrom in ihren Ursprung verfolgen, tauchen wir unmerklich in den Grund unseres zeitlosen Seins.

Über die reine Beobachtung des Atems hinaus gibt es im Hatha-Yoga wiederum eine Fülle von Atemübungen (Pranayamas), die der Reinigung und Läuterung der subtilen Energiekanäle (Nadis) dienen. Sie machen den Geist frei und transparent und füllen den feinstofflichen Leib mit frischer Lebenskraft (Prana).

Die dritte und vierte Stufe des Yoga bilden die Übung der „rechten inneren Haltung" und der Festigung im inneren Ethos. In einer Reihe von Hinweisen auf das, was der Geburt und Entwicklung des inneren Menschen (Jiva) förderlich beziehungsweise schädlich ist, formuliert Patanjali seine Niyamas und Yamas, das, was wir tunlich unterlassen und das, was wir für unser Wachstum aufgreifen sollten. In exoterischer Sprache stellen die Niyamas und Yamas die Ver- und Gebote des inneren Weges dar. Verstehen wir sie nicht in einem dogmatischen Sinne, so sind sie uns wertvolle Orientierungshilfen in der Suche nach uns selbst. Sie entsprechen den acht Seligpreisungen Jesu in seiner Bergpredigt aber auch dem Dhamma des Buddha.

Dharana und Dhyana schließlich bedeuten die Übung der rechten Kontemplation und Meditation, die uns zum Samadhi, dem Gewahren und Innesein des inneren Lichtes, der ewigen Wahrheit und unseres höchsten göttlichen Selbst führen. Dieses Innesein des Selbst ist das Ziel aller Yogis, denn allein darin finden wir unsere Erlösung und unsere letztendliche Erfüllung. In der Erkenntnis des Einen Grundes des Lebens verwirklichen wir unsere wahre Natur: Sat-Cit-Ananda als unzerstörbares Sein (Sat), helles Bewußtsein (Cit) und ungetrübte Glückseligkeit (Ananda).

Wenn der Yogi diesen Zustand im transzendenten Urgrund von Aham-Vimarsha oder ICH-Bewußtsein, dem Ort vor und jenseits der Schöpfung, erlangt, wird er fähig, den schöpferischen Prozeß von Mahashakti (dem Logos) umzukehren und die Schöpfung, d. h. die täuschende Wirkung von Maya-Tattva, aufzulösen, indem er aus jenem Stand Göttliche Herrschaft über Matrika-Shakti und mit ihr über das ganze Ensemble der kooperierenden Tattvas oder Prinzipien gewinnt.

Wer auf diesem Weg Wissen über die wahre Natur aller Dinge erlangt hat, kann von keiner Erscheinung mehr erschüttert werden, denn er weiß, sie ist ohne Substanz und unwirklich. Er ist immun geworden gegenüber der verzaubernden Macht von Maya. Folglich garantieren die vollkommene Erkenntnis (Suddha Vidya) und Herrschaft über Parashakti als Ursprung von und Herrin über Maya nicht nur völlige Befreiung und ewiges Leben, sondern auch den letztendlichen Erwerb und die vollkommene Verwirklichung des alles transzendierenden ICH- oder Christus-Bewußtseins, der Buddha- oder Shivaschaft.

Er wird zum Miterben und Mitschöpfer des Höchsten Gottes. (Paulus)

Teil II:

Teil II erörtert die Anwendung der Kraft der Gedanken und des Wortes (des Mantra) als Entfaltung von Shakti und ihre Bedeutung für den Yogi auf seinem Weg zur Verwirklichung. Dabei setzt sich der Begriff von "Mantra" aus den Silben "man", d. i. geistiges erwägen oder beschauen, und „trai" dem Schutz, zusammen. Basis und Ausgang bildet Citta, das individuelle – in Buddhi (Vernunft) und Manas (Sinnesbewußtsein) polarisierte – Herz des Menschen. Die hier gestellte Frage ist: wie erlangen wir die in Teil I erörterte Kraftfülle und göttliche Herrlichkeit?

Sutra 1: *Cittam Mantrah*

"Citta ist (auf seine eigenen Wurzel gerichtet) von der Form des Mantra." (oder einfach: "Der individuelle Geist ist Mantra." (Muktananda: Nothing Exists that is not Shiva, p 27))

„Citta" leitet sich ab von Cit, dem reinen universellen Bewußtsein. Citta bezeichnet das geistige Herz des Menschen und bildet den eigentlichen Kern unserer Individualität: den individuellen Geist. Der individuelle Geist (Citta, Mind) ist eine kondensierte und begrenzte Ausdrucksform von Citi, dem Lichte von Cit, oder dem Logos; der Logos ist seine Wurzel.

In dieser Sutra bedeutet „Citta" das, wodurch die Höchste Wirklichkeit, Cit, erkannt wird. Selbst von der Natur von Citi, gehört der Erwerb des Wissens darüber zu seinen grundlegenden innewohnenden Fähigkeiten. Sich selbst auf den Grund gehend, findet es zurück in seinen Ursprung, das ist Cit oder Sat-Cit-Ananda. (Vergleiche hierzu auch den Kommentar zu I, Sutra 15)

Ein Mantra ist eine Klang- oder Gedankenform, die die Schwingungsform des durch sie bezeichneten Gegenstandes oder Bewußtseinszustandes, im höchsten Sinne aber die äußerste und letzte Wirklichkeit des Göttlichen repräsentiert. Ein Mantra verkörpert seiner Natur und Essenz nach einen Gedanken oder ein Wort, das die (ihm innewohnende) Bedeutung energetisch oder schwingungsmäßig enthüllt. Es repräsentiert einen Gedanken oder ein Wort, die aufgrund ihres Durchdrungenwerdens und der Manifestation der Schwingung des bedeuteten Objekts, dieses im Bewußtsein seiner substantiellen Form nach vergegenwärtigen. Es ermöglicht die Manifestation des bedeuteten Gegenstandes im Bewußtsein. Bezeichnet das Mantra eine geistige Wesenheit oder einen Bewußtseinszustand, so invoziert es dieses Wesen oder diesen Zustand in unserem Geiste und führt ihn zur Einung mit ihm.

Ist das Mantra der Name oder die Schwingungsfrequenz einer Gottheit, so kann es uns zur Erweckung und Verwirklichung der Qualität, der Energie und der subtilen Form dieser Gottheit, die es schwingungsmäßig verkörpert, in unserem Bewußtsein führen. Das zu erreichen ist der Sinn von Japa, der gesammelten Wiederholung der Klangform eines Gottesnamens in unserem Herzen. So wie die Seife zum Waschen unserer Hände nur dann wirksam wird, wenn wir sie mit Wasser benützen, so entfaltet auch das Mantra nur dann seine Kraft, wenn wir es mit Hingabe (Bhava) rezitieren.

Der Begriff „Mantra" umfaßt beides, Klang (Shabda) und Bedeutung (Artha) eines Wortes, den Schwingungs- und den Bedeutungsaspekt eines Gedankens, die auf der höchsten Ebene eins und zwar nichts anderes als reines Cit selbst und sein Citi sind. Somit ist Mantra eine Ausdehnung oder Entfaltung von Logos oder Matrika Shakti.

Das Wort "Mantra" leitet sich aus der Sanskrit-Wurzel "man" ab, was " überdenken", "erwägen" oder "geistig erforschen, recherchieren" bedeutet, und "trai", was soviel wie "retten" oder "schützen" meint. Es kennzeichnet eine Formel, die aus einem Wort oder einer Wortreihe besteht, die sich auf eine Gottheit, eine spirituelle Seinsform oder einen Bewußtseinszustand bezieht. Im umfassendsten Sinne bewirkt die Wiederholung eines Mantra die Invokation des in ihm verkörperten Geistes oder Zustandes in unserem Bewußtsein. In dieser Sutra liegt die Betonung auf der geistigen Verwirklichung der eigenen Identität mit der Höchsten Wirklichkeit, die durch solch eine Formel geweckt und beschworen wird. Damit bereiten wir dem Empfinden des Getrenntseins von Gott und All und damit von Samsara, dem ewigen Kreislauf von Geburt und Tod, ein Ende. Wer die Bedeutung des Mantra mit Inbrunst (Bhava) und Bewußtsein durchdringt und die Aufmerksamkeit gänzlich auf seine Essenz und Wurzel, also Citi und Cit, richtet, erlangt die Kraft, seinen Geist (Citta) zu seiner (Gott, Geist und Mantra gemeinsamen) Quelle, dem Logos, Citi oder ICH-Bewußtsein, von dem er selbst durchwoben ist, emporzuheben und in ihm aufzugehen.

Wie es heißt: "Mananat-trayate-iti-mantrah" – "Ein Mantra ist eine Gedankenform, die demjenigen Erlösung und Errettung von Samsara beschert, der über ihre Bedeutung kontempliert."

Muktananda erläutert wie folgt: "Ein Mantra ist das undifferenzierte, integrale Gewahrsein der Natur des Göttlichen; es sollte nicht als von Gott getrennt betrachtet werden. Es ist voll der Glückseligkeit. ... Es ist die Vibration des Mantras, aus der das Universum hervorgeht; in ihr pocht, atmet und lebt der gesamte Kosmos im Geiste, der selbst von der Natur des Mantra ist. (Der Kosmos ist ja nichts anderes als eine Ausdehnung des Geistes (Mind) in Form des Widerhalls von Mantra). (Muktananda: Nothing Exists, S. 27 (mit Anmerkung des Autors))

Das Interessante ist nun, daß "durch das Hervorrufen des Gewahrwerdens einer Mantrabedeutung in unserem individuellen Geist (Citta) dieser (Citta) die Form dieses Mantra annimmt". Das ist Invokation, Erweckung einer latenten Qualität oder Energie in unserem Bewußtsein, die dieses selbst in eine höhere Frequenz transformiert. In anderen Worten: Es ist Citta, der individuelle Geist, der das Mantra benutzt, um in die Tiefe der Höchsten Realität (das ist die Essenz des Mantra) hinabzusteigen oder darüber zu kontemplieren und deren Qualitäten und Kräfte in sich zu erkennen, zu verwirklichen und seine wesenhafte Identität mit ihr zu erfahren.

Wir erinnern uns, daß Plato sagt: "Das Wissen um die wahre Bedeutung eines Begriffs ist dasselbe wie das Wissen um das Wesen des von ihm bezeichneten Objekts."

Indem wir also über einen Namen Gottes bzw. ein "Chaitanya-Mantra" kontemplieren, werden wir Gott erfahren. Wie es heißt: „Das individuelle Bewußtsein, das über Prasada, abgeleitet vom Bija-Mantra „Sauh" – auch "Hrdaya-Bija" genannt –, welches das Herz Shivas und seiner Mahashakti bedeutet, über Pranava (Om) oder irgend ein anderes Mantra, das eine wesentlichen Aspekt perfekten ICH-Bewußtseins darstellt, kontempliert, wird auf diese Weise seine Identität mit jenem erfahren."

Andersherum, die Gedankenform oder Vritti, die die eigene Nicht-Unterschiedenheit vom Höchsten Bewußtsein (oder Wirklichkeit) kontempliert, ist Mantra. Im Tantrasadbhava wird gesagt: "Sie, die man als die unvergängliche Shakti (Shaktiravyaya) betrachtet, ist die Seele aller Mantren. Oh Edler, ohne Sie sind Mantren so nutzlos wie Wolken im Herbst."

„Solange sich der Ausführende eines Mantras (dessen Schwingung in der bewußten Wiederholung Citta völlig durchdringt) selbst als vom Mantra getrennt erfährt, wird seine Wiederholung keine Früchte tragen. Allein reine Erkenntnis oder göttliches ICH-BIN-Bewußtsein (Ehjeh Asher Ehjeh) sind die Wurzel seiner erfolgreichen Ausübung."

„Dieses reine ICH-Bewußtsein ist das Wesen und der Dynamo aller Mantren. Und dasjenige in uns, das über die wesenhafte Bedeutung oder Bezeichnung eines Mantras kontempliert, ist der ungeteilt auf das reine ICH-Bewußtsein (Citta) ausgerichtete individuelle Geist (Citta); indem er mit Hingabe und Verlangen seine eigene Wurzel sucht, wird die Übung Früchte tragen. Citta nimmt darin die Gestalt des Mantra an, die von der Form reinen ICH-Bewußtseins ist.

Daher können wir sagen: "Die Essenz eines Mantras ist die Ergreifung des Selbst." Oder: Das "raison d'etre" aller Mantren ist die Anrufung und Enthüllung der Macht des Logos (Paravak). Ihr gemeinsames Wesen ist reines ICH-Bewußtsein oder Selbst-Gewahrsein. Deshalb führt uns die Invokation des Göttlichen durch einen Gottesnamen zum Erwachen Shivas in uns bzw. zum Aufstieg unseres begrenzten individuellen Bewußtseins (Citta) zu seinem unbegrenzten transzendentalen Ursprung in Cit als dem universellen oder All-Bewußtsein Brahmans.

Um diese Erklärungen auf eine letzte Formel zu bringen: *Cittam Mantraha* behauptet unzweideutig, daß die Natur unseres individuellen Geistes (Citta) die reiner Gedankenessenz ist. Daher pflegte Ramana Maharshi vom Geist als von einem Bündel von Gedanken zu sprechen.

Wenn wir unsere individuelle Natur mit der des Mantra identisch setzen, so beinhaltet dies zweierlei: Zum einen, daß sie als Mantra *einen einzigen* Gedanken darstellt, der aus einer Buchstabengruppe besteht und ein Wort oder einen Namen bildet, der den charakteristischen Wesenszug und die spezifische Identität unserer je partikulären Individualität (Jiva) repräsentiert, dessen Bedeutung mit seiner Klangschwingung identisch ist, und zum anderen, daß der individuelle Geist (Citta) des Übenden als Mantra seiner Essenz nach nichts anderes als Cit-Shakti oder Citi, d. h., seiner transzendentalen Natur nach selbst Cit oder Aham-Vimarsha, also reines universelles ICH-Bewußtsein ist.

In anderen Worten: „Das Mantra ist die Verwirklichung des Bewußtseins der Höchsten Einheit, die in ihm pulsiert." (s. auch: Muktananda: Nothing Exists, p 28)

Wer dies erkennt, erlangt endgültige Befreiung (vom Kreislauf von Geburt und Tod). Das bedeutet: Citta wird in Citi, von dem es seinen Ausgang nahm, zurückgebildet, worin es seine ungebrochene Einheit mit Cit als seinem Ursprung und seiner wahren Natur erfährt. Bei der Rückkehr zu seiner Wurzel und seinem ersten Grund entfaltet es seinen ihm innewohnenden ursprünglichen Glanz. („Wer sich aller Bildhaftigkeit entbildet und zurückbildet in die bildlose Gottheit, der geht ein in Sie. Nur nackt und bloß geht die Seele ein in die nackte Gottheit." (Eckhart) „Vater verherrliche nun deinen Sohn, wie er Dich verherrlicht hat in der Welt. Verherrliche ihn mit der Herrlichkeit, die er bei Dir hatte vor der Grundlegung der Welt." (Jesus in Johannes)

Diese Wahrheit findet auch in anderen Shaiva Schriften Ausdruck: „Citi (die erleuchtende Kraft von Cit, dem Universellen Bewußtsein), die von Cetana (dem höchsten Subjekt) ausgeht, wird durch einen Akt der Zusammenziehung (Kontraktion oder Kondensation) zu Citta."

(Pratyabhijnahrdayam, Sutra 5) Dieser Kontraktionsakt beruht auf dem, was die Kabbalah "Zimzum" nennt, einem Akt von Selbsteinschränkung durch die Annahme von Form und Namen. Diese Selbstbeschränkung bringt die fünf Begrenzungen der unbegrenzten Natur und Macht von Cit oder Parama Atman mit sich, die im Kashmir Shaivismus als Kancukas benannt werden (siehe Kap. 7). Sie beschränken die fünf wesentlichen Aspekte des unbegrenzten Atman (die da sind „Sat" (absolutes Sein), „Cit" (absolutes Bewußtsein), „Ananda" oder „Purnatva" (absolute Glückseligkeit), „Nityatva" (Ewigkeit) und „Svatantrata" (Allmacht)) auf die fünf Begrenzungen relativer Existenz, unvollkommener Selbstwahrnehmung, des Mangels an Seligkeit, der Erfahrung von Zeitlichkeit (das ist zugleich der Vergänglichkeit) und der Einschränkung der Freiheit des Tuns.

Weiter lesen wir: „Bei der Wahrnehmung der fünffältigen Handlung von Atman (dem Selbst) wird Citta (das individuelle Bewußtsein) durch eine nach innen gerichtete Bewegung von Citi zurück zu Cit (dem Universellen Bewußtsein) und auf die Ebene von Cetana (des Höchsten Subjekts) erhoben." (Pratyabhijnahrdayam, Sutra 13)

Und Ksemarajas Kommentar zu dieser Sutra sagt: "Indem Citta die begrenzende Tendenz zur Extraversion aufgibt und durch Introversion ersetzt, die Hinwendung zu seiner inneren, oberen Wurzel, erhebt es sich zurück auf die Ebene von Cetana, und wenn es durch die Auflösung aller Begrenzungen seine wahre Natur, Citi, erlangt, geht es ein in den Urzustand von Cit (dem Nous oder Brahman)."

Sutra 3: *Vidyasarira-satta mantrarahasyam.*

"Die leuchtende Wirklichkeit ungetrübten Selbst-Bewußtseins, die vom gesamten Kosmos nicht unterscheidbar ist und der Vielfalt der Gedanken und Worte (Formeln) innewohnt, deren Essenz in der nicht-dualen Erkenntnis der höchsten Wirklichkeit besteht, ist das Geheimnis des Mantra."

In anderen Worten: Das Geheimnis des Mantras ist der Zustand des vollkommen reinen ICH-Bewußtseins, das vom Kosmos nicht verschieden ist und das einer Vielfalt von Gedanken und Worten innewohnt, deren Essenz in der Erkenntnis der Nicht-Dualität besteht.

Wie es heißt:

"Oh Edler, alle Mantren bestehen in Zeichen (Buchstaben). Die Zeichen (Buchstaben) sind Formen von Shakti. Diese kollektive Shakti (die alle Buchstaben umfaßt) sollte als Matrika bekannt sein. Matrika will als die eigentliche Form Shivas erkannt sein." (Tantrasadbhava)

„Das ganze Universum von Brahma (JHWH, Amen) bis zu den letzten Bhuvanas (der groben physischen Welt) wird von Matrika durchdrungen, die voll des höchsten Glanzes (des Höchsten ICH-Bewußtseins) ist."

Sutra 7: *Matrikachakrasambodhah.*

"Erleuchtung (Sambodha) erwächst aus der Erkenntnis der Gruppe (Girlande) der Buchstaben (Matrikachakra)."

Mit der ersten Ausdehnung der die Welt manifestierenden Kraft von Aham-Vimarsha oder des ICH-Bewußtseins kommt Ananda-Shakti ins Spiel, indem es die Form des Buchstabens *a* annimmt, und sodann Iccha Shakti (Willenskraft) hervorbringt; daraufhin entfaltet Jnana Shakti Unmesa, Erkenntnis, schließlich Unata, Mangel an Jnana, als Ursache der objektiven Erscheinung. Daraus folgt blitzartig der Abstieg von Shiva hinab zu den groben Dingen der Welt.

Unmesa bedeutet wörtlich Öffnen des (inneren) Auges, aufdecken, eröffnen. Hier verweist es auf die Enthüllung der transzendenten Wirklichkeit, der wahren Natur des Selbst.

Das Höchste ICH-Bewußtsein enthält und umfaßt ja das ungeteilte Sein sowie die Erkenntnis des gesamten Universums in der Form eines Punktes (Bindus) (s. unten), der durch das Bija-Mantra (die Wurzelsilbe) „Ham" in „Aham", sowie den kosmischen Laut „Om" ॐ (ओम्) (bzw. „Aum" ओउम्) dargestellt wird. Das universelle ICH-

Bewußtsein wird somit durch das Bija-Mantra (die Wurzelsilbe) „Ham" in „Aham" verkörpert.

Hier hat Spanda, der erste schöpferische Impuls bzw. die erste schöpferische Schwingung, seinen Ursprung und Ausgang. Sie manifestiert sich als das Urlicht der Schöpfung bzw. als der Schöpfungslaut „Om".

„Die wirksam werdende Energie Shivas, das göttliche Spanda, das gleichwohl im begrenzten Subjekt (d. i. dem empirischen Individuum) manifest ist, bindet das Individuum, solange diese Schwingung nicht (ihrem Wesen nach) erkannt wird. Sobald sie jedoch als ‚Indikator' Shiva's erfahren wird, der das eigene Selbst ist, offenbart sie sich als die eine höchste Kraft. Der Zustand unterschiedsloser Einheit von Shiva und Shakti wird „Kula" genannt."

Erläuterung: Der Sanskrit-Ausdruck "Aham" für „ich", ist aus „a" und „ha" zusammengesetzt und wird mit einem Bindu oder Punkt auf dem Buchstaben ha geschrieben, der das „ha" zum „ham" umformt. Dieser Punkt, das Bindu, ist philosophisch von expliziter Bedeutung.

Bedenken wir, daß „a" und „ha", aus denen sich das Wort "Aham" zusammensetzt, den ersten und letzten Buchstaben des Sanskrit-Alphabets bilden, so wird deutlich, daß „Aha" (mit dem Bindu auf dem Buchstaben „ha") die ganze Reihe der Buchstaben des Alphabets umfaßt, wobei jeder einzelne von ihnen einen Zustand oder eine Ebene der Manifestation bzw. der Herabkunft von Paramashakti (= des Logos) darstellt. Somit ist in „Aham", dem kosmischen Ich, die Totalität aller kosmischen Prinzipien bzw. die Gesamtheit aller Ebenen des erschaffenen Universums – von der höchsten bis zur niedrigsten – eingeschlossen. Die philosophische Bedeutung dieses Sachverhaltes besagt, daß das ganze Universum vor seiner Erschaffung in einem ununterscheidbaren Zustand kondensierter Kraft in Sadashiva oder der Letzten Wirklichkeit ruht. Dieser Zustand kondensierter Kraft ist in einem höchsten Punkt zusammengefaßt. Dieser Punkt ist die höchste Wurzel und der Ursprung aller manifesten Dinge. Er ist der Same des Universums und aller geschaffenen Dinge.

In der Heiligen Schrift heißt es: „Im Anfang schuf Gott…" und „Im Anfang war das Wort." Dieses Urwort, verstanden als ursprüngliche Intention oder innerer Drang sich selbst Ausdruck zu verleihen, zu erschaffen, zu manifestieren, das aus der Tiefe des Göttlichen Bewußtseins, aus der Stille von Anuttara, der Höchsten Wirklichkeit von Sat-Cit-Ananda aufsteigt und sich in seinem unendlichen Innenraum zunehmend verdichtet, bringt auf diese Weise einen metaphysischen Punkt allererster Schwingung hervor. Ein erster Punkt beginnt sich im Ozean des unbegrenzten Geistes zu erheben. Er ist in der Sanskrit Tradition als Bindu, in der hebräischen Tradition aber als „Nekudah Reshunah" oder höchster „Urpunkt" bekannt. Manchmal wird er mit einem Samenkorn, einem Tropfen oder einem Ei verglichen, der in sich die gesamte Form und das Potential des Universums birgt. Das würde auch der Bedeutung von Hiranyagarbha, als dem Demiurgen oder Anfang der Schöpfung entsprechen. Im Shaivismus wird dieser Bindu auch „Ghanibhuta Shakti" genannt, die schöpferische Kraft Shivas, zusammenfasst oder konzentriert in einem Punkt.

Bindu kann als der hochpotente schöpferische Samen oder Tropfen des anfänglichen Lichts des Höchsten Bewußtseins gedacht werden.

Wie es heißt:

"Es gibt nur ein Samen-Mantra (des höchsten Bewußtseins), das das ganze Universum durchdringt, es gibt nur ein Mudra (oder ein Siegel), das dem höchsten Bhairava entspricht."

Wie wir oben bereits erwähnten, faßt der Sohar diesen Konzentrationsakt des kosmischen Geistes, der als Zimzum benannt wird, in folgende mystische Form: „Am Anfang – als der Wille des Königs zu wirken begann, gravierte Er Zeichen in die Himmelssphäre (die Ihn umgab). (Mitten im Nichts,) inmitten der geheimnisvollen Verborgenheit schöpferischer Stille brach eine dunkle Flamme aus dem Mysterium des Aijn Sof hervor wie eine sich im Ungeformten gestaltende Wolke – eingeschlossen in den Ring jener Sphäre. … Aus dem innersten Zentrum dieser Flamme entsprang eine Quelle, aus der Farbe hervorsprudelte und alles in seiner Umgebung besprengte, was im Mysterium von Ajin Sof verborgen lag.

„Der Quell kam zum Durchbruch und durchbrach doch nicht den Äther dieser Sphäre, und konnte nicht wahrgenommen werden, ehe nicht ein verborgener, höchster Punkt mittels der Wucht eines letzten Durchbruchs hervorleuchtete."

„Nichts können wir erkennen, was jenseits dieses Punktes liegt. Er wird daher „Reshit" – „Anfang" genannt." Dieser Urpunkt wird mit dem allerersten Zustand des Logos identifiziert, dem makellosen Samen der Schöpfung."

Auf dieser Ebene gibt es (noch) keine Unterscheidung zwischen "Ich" und "Dies", Subjekt und Objekt. Dieser Zustand ist Cid-Ghana oder auch massives, kondensiertes Bewußtsein, das in sich die Möglichkeit aller Welten und Geschöpfe birgt und undifferenziert in sich umfaßt.

Der Punkt (das Bindu) auf dem Buchstaben "ha" – der ihn zur Silbe "ham" formt, welche verbunden mit dem ersten Letter "a" die Einheit von "Aham" – "Ich" – bildet, zeigt auf, daß alle Manifestation in Wirklichkeit in Shiva gründet und substantiell nicht von Ihm verschieden ist. In anderen Worten, das ganze Universum und alle Geschöpfe sind Seine Emanation, also nicht Er Selbst, sondern lediglich aus Seiner Substanz, dem reinen ICH-Bewußtsein, Aham-Vimarsha, hervorgegangen. Bindu repräsentiert ja die erste quasi noch unmanifestierte Manifestation des Logos.

"A" repräsentiert Shiva, und "ha" stellt Shakti dar, beide sind in "Aham-Aham" – " ICH-ICH" vereint. Der Punkt symbolisiert die Tatsache, daß im Schöpfungsakt trotz der verborgenen Natur Shivas oder Sadashivas vermittels einer erstursächlichen Vibration oder Bewegung, einem ersten kreativen Impuls, eine Manifestation geschieht, in der durch Shaktis schöpferischen Akt zugleich eine Scheidung des Nicht-Verschiedenen in „Ich" und „Das", in reines Gewahrsein und „Dasheit", Gedanken oder Substanz, „Aham" und „Idam", erfolgt, die der Manifestation des gesamten Kosmos – von der Höchsten Form JHWH's bis hinab zu den grobstofflichen Elementen – zugrunde liegt, wobei Er Selbst von diesem Akt weder verändert noch geteilt wird, sondern als Ganzes Eines, von aller

Verschiedenheit unberührt, ewig ruhend in sich Selbst als unteilbare Einheit verbleibt.

Wie das Sanskrit Wort "Vidya" leitet sich auch "Bindu" (oder "Vindu") von der Wurzel "Vid" ab, die – wie wir schon zuvor erwähnten – "überlegen" oder „wissen" bedeutet; Bindu (oder Vindu) ist das, was weiß. Wie die Schriften sagen: „Vetti Iti Vinduh" – "Das, was weiß". So ist also Bindu das, was weiß; es ist das Behältnis allen Wissens, sowohl des Wissenden, als auch des Gewußten.

Darum proklamiert Abhinavagupta es als "Avibhagah Prakasho Yah": "Avibhagah Prakasho Yah Sa Vinduh Paramo Hi Nah" – „Das, was ununterschiedenes (unerschaffenes) Licht ist, was sich trotz aller Unterscheidungen nicht ändert, was unberührt bleibt und nicht von seiner innewohnenden Einheit abweicht, das ist Bindu." (Tantraloka, III A, Verse 111)

So, wie beim Anbeginn der Schöpfung Bindu der Ursprungspunkt ist, so ist Bindu in der Vollendung des Yogis der letzte Punkt der Verschmelzung. Er repräsentiert Alpha und Omega, Anfang und Ende der Schöpfung. Das ist in den Shaiva-Schriften folgendermaßen ausgedrückt: „Durch das spontane Auftauchen des Verlangens nach dem Geist des Mantras, entflammt durch das Feuer reinen Gewahrseins (Uccara bedeutet buchstäblich: sich erheben) erhebt sich Bindu, das höchste Licht des Selbst, und absorbiert den Geist des Yogi."

Fassen wir zusammen: Aus der Ruhe von Anuttara erhebt sich ein uranfänglicher Punkt subtilster Spannung. Es ist komprimierte Shakti, die das gesamte Universum in der Form eines Samens in sich birgt. Ebendieser Urpunkt beginnt, wenn er durch den reinen Willen oder Iccha Shakti (Sadashivas) in Bewegung oder Erregung versetzt wird, zu vibrieren und bringt auf diese Weise alle Emanationen und Manifestationen hervor, als da sind (geschaffenes) Licht, (Sanskrit: Jyoti, Hebräisch: Or), Klang (Sanskrit: Shabdha oder Nada) und Gedanken (Vritti), abwärts bis zu der Vibration elementarer Partikel (oder Felder) und atomarer Gebilde. Alles ist Spanda – göttlicher Pulsschlag – auf der Oberfläche des Ozeans unendlichen Bewußtseins.

Wie das Shaiva Shastra, so erklärt auch die Kabbalah die Schöpfung als einen Akt aufeinanderfolgender Stadien von Kondensation und Kontraktion. Im heiligen Sohar lesen wir: „Als der Allheilige die Welt erschuf, setzte Er einen kostbaren Stein ... und tauchte ihn in die Tiefe. Ein Ende des Steines stach in den Abgrund, das andere ragte in die Höhe. Und dieses Ende in der Höhe ist ein Punkt, der in der Mitte der Welt steht, von wo sich die Welt nach rechts und links und allen Seiten hin breitet, und hat durch diesen Mittelpunkt Bestand; ... (ihn) hat Gott gesetzt, damit er der Grund der Welt sei und der Sproß des Ganzen. In drei Weisen breitet sich der Kosmos um jenen Punkt. In der ersten Ausbreitung aber wohnt alle Helligkeit und Reinheit. Sie befindet sich ... rings um jenen Punkt. Die zweite Ausbreitung umgibt die erste, ist weniger hell und rein als diese, aber dennoch fein und leuchtend, in hellerer Stofflichkeit als jeder andere Stoff. Die dritte Ausbreitung ist weniger hell und von größerer Dichte; sie erst ist umgeben vom Wasser des Meeres (Olam Jezirah, Sanskrit: Madhyama), dem weltumschließenden Ozean reinen Geistes. So steht jener Punkt in der Mitte und alle Arten der Ausbreitung umringen ihn.

„Es ist das Geheimnis der Kreise im Auge, welche den mittlersten Punkt umgeben, der das Sehen des ganzen Auges bildet. Diesem Punkte gleich steht in der Mitte das Allerheiligste. Es bedeutet dieser Punkt die Schau der ganzen Welt. Deshalb ist geschrieben: „Schön Ragende, Freude der ganzen Erde" (Psalm 48,3). ‚Schön': diese Schau und Wonne des Alls, ‚ragend' wie das Emporragen des herrlichsten Baumes." (Sohar II. fol. 220b-221a, 222a-b)

Diese Formulierung erinnert wieder an das Ringmodell in der Beschreibung des Beginnes der Schöpfung bei Parmenides.

Wie in jüdisch-christlicher Literatur üblich ist die Entfaltung der Welten aus dem einen Urwort und höchsten Ursprung der Schöpfung auch in dieser Passage wieder in Gestalt sich aus ihrer gemeinsamen Mitte entfaltender konzentrischer Kreise bzw. der eines Baumes angesprochen. Aus Anuttara (Para) oder Ajin Sof entfalten sich in konsequenter Sukzession die verschiedenen Ebenen feinstofflicher Manifestation: Pashyanti, Madhyana und Vaikhari, die in völliger

Analogie den Sphären von B'riah, Jezirah und Assiah der Kabbalah entsprechen.

In diesem Manifestationsprozeß steigt die Schöpfungskraft Parashaktis vom absoluten Sat (Sein) hinab zu den verschiedenen Formen relativen Seins und durchläuft so die unterschiedlichsten Zustände. Entsprechend dem ursprünglichen oder vorherrschenden Aspekt einer jeden Stufe wird die eine Shakti unterschiedlich benannt; dennoch ist sie ein und dieselbe, nur ein einziger Logos oder eine einzige Schöpfungskraft, die alles als ihre eigene Form annimmt. So unterscheidet der Shaivismus fünf Hauptshaktis von Shiva. Der natürlichen Ordnung ihrer Manifestation nach sind dies Cit- oder Anuttara-, Ananda-, Jnana-, Iccha- und Kriya-Shakti. Cit- oder Anuttara-Shakti, auch einfach "Citi" genannt, ist durch den Vokal "अ" (Klassisch Sanskrit) ["प" (Devanagri)] - "a" gekennzeichnet. So herrscht jede Shakti durch einen Vokal oder ist durch einen solchen beherrscht. Ananda Shakti korrespondiert mit "आ" ["पा"] - "ā", Iccha mit "इ" ["पि"] - "i" und "ई" ["पी"] - "ī", Jnana mit "उ" ["पु"] - "u" und "ऊ" ["पू"] "ū" und Kriya Shakti mit verschiedenen Permutationen und Kombinationen von „a", „i" und „u", und dies weist auf die Tatsache hin, daß der aktuelle Schöpfungsprozeß das Ergebnis der Kombination aller Shaktis ist.

Diese Manifestationskraft der allesumfassenden Parashakti wird auch Vikshepa- oder Visarga-Shakti genannt, die Kraft der Projektion. Vom strukturellen Gesichtspunkt her hat Visarga-Shakti drei Aspekte, bekannt als Para-Visarga im Hinblick auf „Abheda" – „Nicht-Unterschiedenheit", als Parapara-Visarga im Hinblick auf „Bhedabheda" – „Einheit in der Unterschiedenheit" und als Apara-Visarga im Hinblick auf „Bheda" oder „Unterschiedenheit", so daß sie drei Stufen des Abstieges oder der Verwirklichung von der ursprünglichen Einheit zur differenzierten Verschiedenheit repräsentieren. Die erste bezieht sich auf das reine Bewußtsein als Höchste Realität und erste Ursache aller Dinge, die mittlere auf die Schöpfung in inniger Verbindung mit der Präsenz und Essenz ihres Ursprungs, also in ihrer Beziehung zu und Einheit mit ihrer Wurzel, und die letzte bezieht sich auf die Manifestation der Welt als Welt ohne (Betrachtung ihrer) Verbindung zu ihrem Ursprung.

Die verschiedenen Shaktis werden auch durch die Bija-Mantren „Sauh", „Hrim", „Shrim", „Klim" und „Aim" etc. repräsentiert. Die Gedankenform, das Spanda oder Mantra von Maha- oder Parashakti ist das Pranava, die heilige Silbe „Om".

Der Knotenpunkt oder das Bindu stellt das Tor und die Verbindung zwischen unmanifestierter und manifestierter Wirklichkeit dar. Er repräsentiert die Einheit aller Manifestation innerhalb des undifferenzierten Bewußtseins Shiva's oder des Selbst.

Im Sanskrit wird das Bindu sowohl als oberer als auch als unterer Akzent gesetzt. Der untere Knotenpunkt bezeichnet sodann die unendliche Ausdehnung der schöpferischen Energie oder Shakti als Universum und verweist damit auf deren Unterscheidung von Shiva als Schöpfer, der obere Punkt dagegen weist auf deren ewige Einheit mit Ihm. Die beiden Visarga-Aspekte deuten auf Shivas inneren Ruhezustand auf der einen Seite, sowie auf die äußere Expansion Seiner Shakti in Form des Universums. Während er von aller Schöpfung unberührt bleibt, sowohl transzendental als auch als immanenter Zeuge und Beobachter, ist Shakti die Quelle und der Motor aller Evolution und Bewegung. Wie es in dem erhabenen Gedicht von Sri Sri Jnaneshwar Maharaj heißt: „Während der Herr des Hauses ruht, bleibt die Hausherrin wach und erfüllt beider Funktionen, … So hat wegen der Einheit der beiden das Universum Bestand. … Sie verbreitet den Ruhm Ihres Herrn, indem sie Seine körperliche Form offenbart, und Er macht sie berühmt, indem er sich verbirgt." (Jnaneshwar: Amritanubhav, Kapitel 1, The Union of Shiva and Shakti)

Es sind die Vokale, die das innere Leben Shivas repräsentieren, während die Konsonanten die formalen Prinzipien der weltlichen Manifestation darstellen. Von allen Vokalen ist „a" als Repräsentation von Cit-Shakti der erste und die Wurzel von allem. Wie Jayaratha in seinem Kommentar zum Tantraloka feststellt: „"A" residiert in allen Buchstaben als ihr inneres Leben und Gesetz (oder Prinzip)." (Ahnika III, p. 120)

Auch hier erkennen wir wieder die Analogie zur Kabbalah. Auch sie sieht die Vokale als die Essenz aller Dinge, die Konsonanten dagegen als die Prinzipien und Bausteine des Universums. Hierin ist das Jud, das selbst unmittelbar aus dem Urpunkt hervorgeht, seinerseits Ursprung und Anfang aller übrigen Konsonanten,.

Alle Konsonanten symbolisieren die Fülle universaler Manifestationsprinzipien (Sanskrit: Tattvas, von Tat – „Dasheit", engl. „Thatness") und stammen aus den Vokalen, wobei alle Vokale aus dem „a" herrühren. So ist es Shiva, der im Herzen aller Buchstaben und erschaffenen Wesen weilt. Er ist die erste Ursache und das wahre Wesen von allem. Diese Tatsache wird durch den ersten Buchstaben „a" repräsentiert.

Die transzendente Wurzel und Ursache aller Manifestation wird Paramashiva oder Paramabrahman genannt. Shiva ist der erste kreative Pulsschlag oder die erste Formgebung einer Vorstellung, die im transzendentalen ICH-Bewußtsein oder Aham-Vimarsha aufleuchtet. Die Hebräer nennen Es/Ihn „JHWH", das allererste Wesen oder den Alten der Tage. Plato nennt Ihn den Großen Demiurgen, im Buch der Offenbarung heißt Er „Amen". Indem Er sich mit dem Ausruf „EHJEH" – „ICH-BIN" selbst ins Sein rief, ist Er zur Wurzel und zum Anfang der Schöpfung geworden.

In realiter ist es Hiranyagarbha, das Ei Brahmans oder die Zentralsonne als oberste und erste göttliche Manifestation Brahmans, die auch die Gestalt des Sphinx annimmt.

So stellt Bindu das Aham-Vimarsha dar, das alle Varnas, d. h. alle Buchstaben und Wörter (Vacakas), Formen und Objekte (Vacyas) in ihrer latenten oder möglichen, ursprünglichen Form enthält, so wie die Gestalt des erwachsenen Pfaus schon im Plasma des Pfaueneis enthalten ist. Indem „a" Cit oder Citi symbolisiert, die Höchste Wirklichkeit oder Energie, und „ha" Visarga- oder Vikshepa-Shakti (die Macht der Projektion) darstellt, ist „Aham" die Quelle und Matrix aller Buchstaben von „a" bis „ha". Aham kann auf diese Weise zugleich als Para Matrika Shakti oder als Höchster Logos angesehen werden, der Iccha, Jnana und Kriya enthält und sich sodann in drei Stufen und auf drei Schöpfungsebenen entfaltet:

Pashyanti (reine Intention), Madhyama (Formgebung) und Vaikhari (Äußerung oder Artikulation). Alle drei rühren von Para her, der einen unmanifestierten, transzendenten Wirklichkeit.

Wir verstehen also, daß Bindu (hebräisch: Nekudah Reshunah) die allererste Wurzel von Matrika ist und sich als Vikshepa in den folgenden Stufen von Iccha, Jnana und Kriya oder Pashyanti, Madhyana und Vaikhari weiterentwickelt. So repräsentieren die Buchstaben die Tattvas oder Prinzipien der Schöpfung, die Variationsbreite aller Logoi, die allesamt aus dem einen Logos entstehen. Die ganze Schöpfung als solche ist Formgebung und Artikulation schöpferischer Gedanken, gestaltet durch das Alphabet (hebräisch: Othiot) transzendentaler Prinzipien im universalen Geist reinen Bewußtseins. Diese Prinzipien sind das, was Plato die reinen „Ideen" nennt. So lesen wir: "Ve-jomar JHWH Elohim: 'Yehi or wa-yehi or'" – „Und Gott, der Herr (Schöpfer), sagte: „Es werde Licht, und es ward Licht.""

In derselben Weise artikuliert sich der Gedankenprozeß im begrenzten menschlichen Geist (Mind, Citta). Initiiert durch die schöpferische, alles durchdringende Kraft des Logos oder Lichts des reinen ICH-Bewußtseins, erhebt sich ein erster subtiler Impuls auf der transzendentalen Stufe von Para, durchläuft die Stufe von Manipura (Solarplexus oder Diaphragma), welche Pashyanti oder Iccha (reine Intention) repräsentiert, die Ebene von Anahata, des Herzzentrums, das Madhyama (Formgebung) darstellt, um schließlich das Kehlkopf-Zentrum (Vishuddha) zu erreichen, das die Ebene von Vaikhari oder der Artikulation darstellt, wo er schließlich in Form einer hörbaren Äußerung manifest wird. (Siehe Abbildung 4)

Die manifeste Schöpfung besteht in Vacaka und Vacya, Nama (Name) und Rupa (Form), Wörtern und Dingen. Vom metaphysischen Standpunkt aus sind Namen und Formen ein und dasselbe. Alle geschaffenen Dinge sind Manifestationen von Gedankenkraft, die vom Logos ihren Ausgang nehmen. Sie alle sind durch die substantiellen Buchstaben der Matrika Shakti geformte Wörter, also verschiedene Kompositionen der fundamentalen Schöpfungsprinzipien.

Auf der Ebene der transzendentalen Wirklichkeit, der Ebene von Para, sind alle Wörter und Dinge, Vacaka und Vacya, eins. Hier haben wir die Ursache und Begründung von Parmenides' Aussage „Sein und Denken (des Seins) sind ein und dasselbe." „Dasselbe sind Sein und Denken (des Seins)." (Siehe: Benedikt: Sein und Erkenntnis, Bd. 1)

Nur indem sie am Schöpfungsprozeß teilnehmen, spalten sich Realität und Idee in Vacaka und Vacya auf. Hierbei bezieht sich Vacaka auf die subjektive oder nach innen gerichtete Seite und Vacya auf die objektive oder nach außen gerichtete Seite der Manifestation.

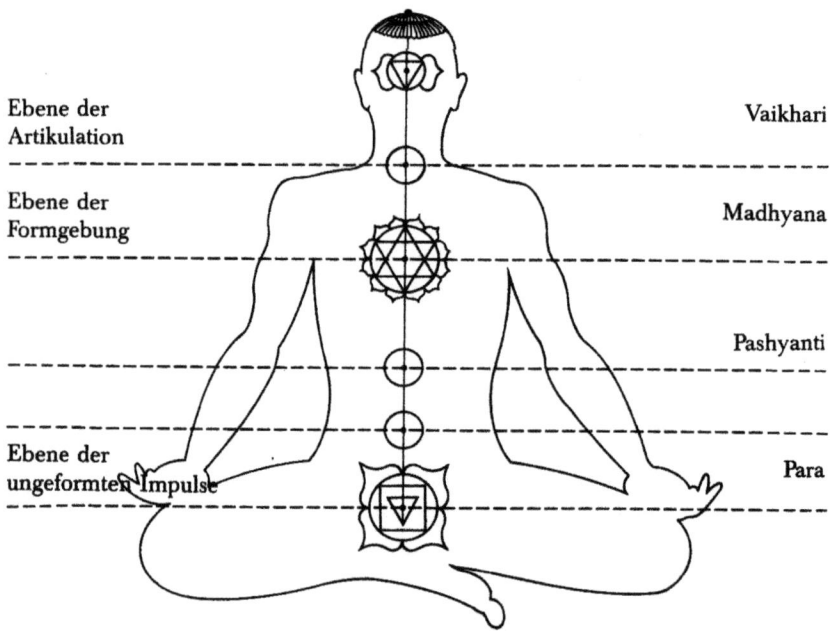

Abbildung 4: Die Manifestationsstufen des Mantra

Auf dieselbe Weise werden alle menschlichen und mentalen Aktivitäten durch Vacaka, Gedanken (Vrittis) oder Wörter ausgetragen. Vacaka bestehen aus Matrika, d. h. aus Buchstaben oder proncoinrten Lauten und Lautgebilden. Nur durch Matrika werden alle menschlichen Tätigkeiten ausgeübt. Solange wir nicht das alles durchdringende Bewußtsein erlangt haben, sind wir an die äußeren Erscheinungen dieser gegenständlichen Welt gebunden, an die verblendende Macht von Maya. Wer durch das erlösende Licht des transzendentalen Bewußtseins Freiheit und Leben erlangen will, der muß sich zur Quelle des Seins wenden und das Mysterium des Weltengangs ergründen, das dem schöpferischen Prozeß von Matrika Shakti zugrunde liegt und in ihm verborgen ist. Wird Matrika nicht klar an ihrer Wurzel erfaßt, so beschränkt und bindet sie uns an die Oberfläche der Welt der Erscheinungen und unbewußten Tätigkeiten und wird so zur Ursache von Gebundenheit und Begrenzung. Verhaftung an die äußeren Erscheinungsformen von Schöpfung und Leben ist die Ursache unserer inneren Blindheit und des Mangels an Erkenntnis der Wirklichkeit des aus sich selbst leuchtenden Selbst. Wer aber alles in dem Licht klarer Unterscheidung (Viveka und Vichara) eingehend überprüft, dem eröffnet sich sein wahres Wesen, dessen Natur Licht ist (Cit oder Citi), welches ihm schließlich zur erlösenden Ursache von letztendlicher Befreiung wird.

Wer das verborgene Mysterium von Matrika Shakti erkennen will, muß sich nach innen wenden, um die Quelle und den Grund seiner wahren Natur zu erforschen, die Aham-Vimarsha oder reines Selbstgewahrsein und zugleich die Wurzel und der Ursprung von Matrika ist. Durch die offenbarende Kraft vom Mantra, im Sinne eines konzentrierten und hellwachen Ergründens und Erforschens der reinen Bedeutungen (= Ideen) in und hinter den Worten und Dingen, wird das verborgene Antlitz von Matrika freigelegt, der Schleier der Isis gelüftet. Wenn wir die Essenz des Mantra, die Shiva ist, erfassen, erlangen wir die Erkenntnis von Matrika und dem Hof ihrer Shaktis, die durch das Shakti-Chakra oder die Girlande ihrer Buchstaben bzw. Prinzipien (Tattvas) dargestellt werden.

Das Wissen um Matrika Shakti beinhaltet die Erkenntnis des Mysteriums, wie sich alle Buchstaben oder Prinzipien der Schöpfung – von der groben Materie hinauf bis Sadashiva – ausgehend von Aham-Vimarsha oder reinem Ich-Gewahrsein sukzessive entwickelt haben. Das kollektive Ganze der Shaktis des Matrika-Chakra betrifft

Iccha, Jnana und Kriya von Shiva, von denen die Entfaltung der Welten der Wörter und Objekte ausgeht.

Die vollständige und umfassende Verwirklichung der Signifikanz und Bedeutung von Matrika Chakra, Sambodha genannt, führt zum hellen Gewahrsein des allumfassenden ICH-Bewußtseins als des eigenen, wahren Selbst – und vice versa. Dieses aus sich selbst leuchtende ICH-Bewußtsein, das der Logos selbst ist, ist die Quinta Essentia und das Geheimnis von Matrika und Mantra. Es befreit uns von Karma, Verblendung, falscher Identifikation, also allen Malas, und erhebt uns in die transzendentale Einheit Shiva's, als der Quelle und Essenz aller Schöpfung. Unsere Individualität wird auf diese Weise eingeschmolzen in die allgegenwärtige Einheit von Shiva und Shakti, indem sie im transzendentalen Zustand von Parama Brahman oder Turiya mit dem reinen Ich-Gewahrsein koinzidiert.

Sambodha bedeutet völlige Erleuchtung hinsichtlich der strukturellen, natürlichen und energetischen Entfaltung von Matrika Chakra im inneren und äußeren Weltengang, das umfassende Gewahrwerden des schöpferischen Aktes der Projektion auf den Bildschirm des kosmischen Bewußtseins auf der Bühne von Zeit und Raum. Wer diesen Prozeß bis in seine eigentliche Wurzel durchdrungen und begriffen hat, wie er sich durch die Kraft des Logos aus der Tiefe des alldurchdringenden Selbst erhebt und Welt um Welt hervorbringt, der erlangt Macht über ihn und bringt ihn so zum Stillstand. Auf diese Weise erlangt man durch vollkommene Selbstverwirklichung die Herrschaft über alle Shaktis, so wie Shiva selbst oberster Herr über alle Heerscharen (JHWH Zebaot), Kräften und Gewalten ist. Wie es heißt: „Wer siegt, dem will Ich gewähren, sich mit Mir auf Meinen Thron zu setzen, wie Ich gesiegt und Mich mit Meinem Vater auf Seinen Thron gesetzt habe." (Offb. 3. 21)

Alle Erläuterungen der Shiva-Sutras über Mantren zusammengenommen, können wir sagen: Die Wissenschaft vom Mantra ist die Wissenschaft von Erkenntnis, Manifestation und Auflösung. Sie beinhaltet die Methoden zur Ergründung des Wesens eines beliebigen anvisierten Gegenstandes (auf dem Wege vernünftiger Kontemplation (Citta), vermittels des reinen

Bewußtseins (Cit) sowie seines Lichts (Citi), wobei diese in Gemeinschaft miteinander die noetische Macht des Logos ausmachen).

So wie die ganze Schöpfung ausgeht und enthalten ist im einen, ungeteilten Logos (Paravak oder Para Shakti), so entspringen alle Wörter, Sprachen und Mantren den ursprünglichen Bijas (Keimsilben-Mantren) „Om" und „Aham", die die Höchste Quelle aller Erkenntnis und Verwirklichung darstellen. Tatsächlich kann das Pranava, „Om", das erste Spanda oder der erste Pulsschlag des Logos genannt werden, der durch den Bindu repräsentiert wird. Und wie sich der Logos in verschiedenen Aspekten manifestieren kann, die wir üblicherweise als Logoi bezeichnen, und welche die konstitutiven Prinzipien der Welt sowie die Wurzeln ihrer Objekte darstellen, so können alle Mantren auf Bijas (Wurzelsilben) und Buchstaben reduziert werden, die die konstitutiven Prinzipien von Klang, Sprache und Mantra darstellen und allesamt vom Bindu „Om" ausgehen. Es ist ein „Chaitanya Mantra" und als solches erfüllt von reinem ICH-Bewußtsein, sodaß es niemals auf die Kategorie von Objekten zurückgeführt werden kann; es ist „Niranjanah" – „nicht rückführbares Gewahrsein" und „Shantarupah" – jenseits aller Form.

Ich will nun unseren Kommentar zum zweiten Teil der Shiva Sutras mit einem umfassenden Statement der Schriften beenden, das wahrscheinlich die höchste Schlußfolgerung der ganzen Abhandlung beinhaltet. Das Statement lautet:

"Es gibt kein höheres Wissen/keine höhere Erkenntnis als das/die von Matrika!"

Es gibt kein höheres Wissen als das von Matrika, der gemeinsamen Wurzel aller schöpferischen Kräfte, Prinzipien und Ideen, die der Logos ist (bzw. der allererste Ursprung von allem – das Hen der Plotin'schen Metaphysik), und alle (fein- und grobstofflichen) Universen, sowie die Gesamtheit aller lebenden und leblosen Wesen in sich umfaßt.

Es war auf der Grundlage dieser Erfahrung und Erkenntnis, auf der Jeshua, als Personifikation des Logos, sagen konnte: "Der Vater liebt den Sohn und hat alles in seine Hand gegeben." (Joh. 3. 35) "Alles, was der Vater hat, ist Mein." (Johannes 16. 15)

Oder: "Wie der Vater die Toten erweckt und lebendig macht, so macht auch der Sohn lebendig, wen Er will. Auch richtet der Vater niemanden, sondern hat Er alles Gericht dem Sohne übertragen. ... Denn wie der Vater in Sich Leben hat, so hat Er auch dem Sohn gegeben, in sich Leben zu haben. Und Vollmacht hat Er Ihm gegeben, Gericht zu halten." (Joh. 5. 21 - 28)

Das sind Stand und Stufe, auf der sich der Logos in personaler Form als "Herr und König über All und Alles", als "Κυριος παντων" manifestiert. Das ist die Bedeutung des Titels: "Christus Rex" bzw. "Χριστος Παντοκρατωρ".

Er ist unmittelbarer Stellvertreter JHWH's in Seiner Form und Rolle als "JHWH ZEBA'OTH" (Herr der Heerscharen).

Jeder, der (als „Miterbe Christi" oder „Beiwort des Wortes") diesen höchsten Rang errungen hat, indem er seinen Stand weit über und jenseits der obersten Wurzel der Schöpfung errichtet hat, hat damit auch die Herrschaft über die Höchste Kraft des transzendenten ICH-Bewußtseins erlangt, wie sie in Shiva, JHWH oder dem Sphinx (als dem Großen Demiurgen und Anfang der Schöpfung (Offb. 3. 14)) selbst erstmals und ursprünglich offenbar wurde; er kann zurecht als συναρχων oder Mitregent des Allmächtigen bezeichnet werden.

Abschließende Gedanken zu Matrika:

Matrika Shakti ist die Gedankenkraft des Höchsten Bewußtseins, die die transzendentalen Prinzipien oder Ideen in Form der Schöpfung offenbar werden läßt; sie ist die kollektive Kraft jener Prinzipien, welche die empirischen Objekte konstituiert.

Alle Schöpfung ist Gedanke, eine Komposition von Schwingungen oder Gedankenenergien. Die Totalität dieser Energien wird durch das (substantielle) Alphabet (der Schöpfung) repräsentiert, aus dem alle Worte und Gedanken gebildet werden. Gott buchstabiert gleichsam die Dinge dieser Welt.

In gleicher Weise nähert sich unser mentales Verständnis oder Denken einem Gegenstand, das mentale Erfassen desselben (ganz gleich, ob es sich dabei um Shiva, ein lebendiges Wesen oder ein lebloses Objekt handelt) von außen, als einem Phänomen, durch den betreffenden Namen oder Begriff.

Hier kommt die Begrenzung des Geistes zum Tragen, der an die äußere Erscheinung der Gegenstände gebunden ist, an ihre phänomenale Erscheinung.

(Matrika) Shakti hat zwei Aspekte oder Arme: sie werden als Maya-Shakti oder die Macht der Verhüllung und Anugraha-Shakti die Macht der Offenbarung (des Selbst) genannt.

Maya ist Erscheinung, sie verhüllt die Wahrheit, das Selbst oder Wesen (sowohl des erkennenden Subjekts als auch des Objekts), Anugraha-Shakti dagegen offenbart deren Essenz oder innere Natur, ihr Selbst und göttliches Wesen.

Der materielle Aspekt eines Gedankens (Vritti), der auf der Bewußtseinsebene rein geistige Vibration ist, auf der physischen Ebene aber lautlicher Klang oder visuelles Symbol u. dgl., ist dessen unbewußter oder phänomenaler Aspekt, eine verhüllende Manifestation von Matrika; die Bedeutung bzw. der gedankliche Gehalt ist dessen bewußter Aspekt, der allein im Licht reinen Gewahrseins offenbar wird. Letzterer ist von der Natur reinen Gewahrwerdens der unmanifestierten Idee selbst und offenbart sich in innerer Schau.

Im verbalen oder diskursiven Denken greifen beide Aspekte ineinander, Gedankenform (verbale Form) und Inhalt (Bedeutung) werden durch das denkende Subjekt in eins gefaßt. Dieses Eine ist der Begriff. Im nonverbalen und nichtvisuellen oder noetischen Denken herrscht lediglich der intelligible Aspekt vor.

Einen Begriff oder Gedanken seiner transzendentalen Bedeutung nach zu erfassen ist ein und dasselbe, wie seinen Gegenstand, also das Ding selbst, seinem ideellen Wesen nach zu erfassen.

Die Bedeutung des Begriffs *ist* ja das Wesen des in ihm begriffenen Gegenstandes, so daß Begriff und begriffener Gegenstand nur zwei verschiedene Aspekte ein und derselben Essenz, ein und desselben Wesens oder Eidos sind.

Das gemeinsame Wesen aller Begriffe und Gegenstände aber ist reines Bewußtsein oder Cit-Shakti, der Logos.

Nicht das Denken eines Gegenstandes (etwa Gottes) schenkt uns Einsicht, Erkenntnis oder Herrschaft über ihn, sondern nur die Kenntnis seines transzendenten Wesens als ewiges Prinzip. Solch wahre Erkenntnis erlangen wir nur, indem wir mit jenem Prinzip oder jener Idee selbst eins werden. So hören wir auch Meister Eckhart sagen: „Solange der Mensch dieser Wahrheit nicht gleicht, wird er diese Rede nicht verstehen. Denn es ist eine unverhüllte Wahrheit, die da gekommen ist aus dem Herzen Gottes unmittelbar."

Um zur Wahrheit und dem Wesen, d. h. dem Prinzip oder der Idee eines Dinges zu gelangen, muß sich – wie Plotin sagt, – das Denken im Denken selbst übersteigen, indem es zu seiner oberen Wurzel aufsteigt. Eine solche Selbsttranszendenz des Denkens, wie sie nur im Aufstieg des Geistes selbst geschieht, führt uns (hinauf) zur absoluten Wahrheit unmittelbar. Allein darin vollzieht sich die unmittelbare Erfahrung des Wesens des gefragten Gegenstands, also seine spirituelle Durchdringung im Lichte reinen (Ich-)Bewußtseins. Erst die noetische Schau allein vermittelt rein transzendentale Erkenntnis, das heißt die Wahrheit aller Dinge wie sie sind, die Schau ihres Wesens als (transzendentale) Ideen (ουσιας εκεινα ιδεα).

Indem wir uns einem Gegenstand (sei es Shiva, ein lebendes Wesen oder ein lebloses Objekt (etwa ein Stein)) seiner Natur, das ist seiner Idee nach, noetisch annähern, schaffen wir gleichzeitig die Vorbedingung für unseren individuellen Geist (Citta), die ihm die Selbsttranszendenz des Denkens und den Aufstieg des Bewußtseins (Cit) zu seinem eigentlichen Ursprung ermöglicht. Das Erforschen des Wesens der Dinge verwandelt und verfeinert somit unseren Geist dahingehend, daß er zu seinem Ursprung zurückkehrt und selbst den Charakter der reinen Ideen annimmt. Sein Ursprung, der selbst mit der Wurzel und dem Wesen aller geschaffenen und ungeschaffenen Dinge zusammenfällt, kommt darin mit dem transzendentalen

Prinzip, das die wahre Natur des jeweils gefragten Dinges ausmacht, zur Deckung. Dieses leuchtet in ihm auf. .

Es gibt drei generelle Vorbedingungen für die Selbsttranszendenz des Denkens und des sich darin vollziehenden Aufstiegs des Geistes zur reinen Wahrheit selbst:

1) vollständige Abgeschiedenheit (von allen erschaffenen Dingen), da Anhaftung stets Anhaftung an die phänomenale Erscheinung eines Dinges bedeutet, wobei die wahre Natur verborgen bleibt. Anhaftung macht Geist und Gewahrsein blind gegenüber der intuitiven bzw. noetischen Erkenntnis des Wesens eines Gegenstands und führt zur Illusion, die die Erscheinung für das Ding hält; innere Abgeschiedenheit ist daher eine Vorbedingung zur Gewinnung jenes Abstandes gegenüber der phänomenalen Erscheinung, die uns ermöglicht, durch die Oberfläche der Dinge hindurch die transzendentale Wahrheit selbst zu sehen (zu begreifen, zu erkennen, wahr-zu-nehmen). Wie Meister Eckhart gerne sagte: „Der Mensch möge sich aller Bildhaftigkeit entledigen und die Dinge unter ihrer Decke nehmen."

2) die Erfüllung meiner göttlichen Lebensaufgabe und der Dienst an Gott und der Menschheit, die zusammen zu einer Anhäufung von Shakti (kosmischer Energie) führen;

3) die bedingungslose Verankerung in der Wahrheit als Ausdruck unserer Rückbindung an das transzendentale Gute ($\alpha\gamma\alpha\vartheta o\nu$), was uns zum oberen Ursprung, dem absoluten Sein-an-sich und der Welt der Ideen führt. Da die Wahrheit nur ein anderes Gesicht des absoluten Seins ist, führt uns die Verankerung im Guten gleichzeitig zur Erkenntnis der höchsten Wahrheit und Wirklichkeit (hinter aller Erscheinung) und damit zum verborgenen Wesen eines jeglichen Dinges. Deshalb heißt es, „dem Demütigen offenbart Gott Sein innerstes Geheimnis, das er vor dem Blick der Stolzen verbirgt".

Nicht indem wir an Gott denken, sondern darin, daß wir Ihn erkennen, indem wir Er werden, erlangen wir Befreiung, transzendentale Erkenntnis und göttliche Kraft. Wie es heißt: „Hätte ich Ihn erkannt, wäre ich Er geworden."

Die Anhaftung an die phänomenale Erscheinung der Dinge und das Jonglieren mit Wörtern, das der Kenntnis ihrer wahren Bedeutung ermangelt, gehen Hand in Hand. Sie sind Ausdruck für das Fehlen der Einsicht in Matrika. Eine unbekannte und verborgene Matrika ist der Grund für Gebundenheit. Andersherum, wird Matrika in ihrer transzendentalen Bedeutung enthüllt, so daß der unmanifestierte Ursprung der Gedanken, Worte und Dinge ans Licht tritt, so entsteht Befreiung. Das Objekt von Erfahrung und Erkenntnis und sein Subjekt, das erleuchtete Citta, werden sodann zusammen in ihre gemeinsame Wurzel empor gehoben, wo sie in das glänzende Licht von Cit transformiert werden und schließlich im reinen ICH-Bewußtsein oder Aham-Vimarsha, der Erfahrung des ICH-ICH, aufgehen.

Durch Anhaftung an die Erscheinung eines Gegenstands (Gott, Welt, Individualität) entsteht unsere (d. h. Cittas, meines Geistes) Gebundenheit an Maya. Erlangen wir aber den Segen der Abgeschiedenheit von der Erscheinung der Dinge, derart, daß unser Herz in seiner eigentlichen Wurzel, dem Logos oder ICH-Bewußtsein, zur Ruhe und zu stehen kommt, dann vollzieht sich die Befreiung unseres individuellen Geistes (Citta) in der Einung mit ihm.

Summa: Wegen der großen Bedeutung dieser Lehre möchte ich sie noch einmal in ihrer Quintessenz kurz zusammenfassen:

Wenn wir von Buchstaben, Worten, lebenden Wesen und leblosen Dingen sprechen, so erscheinen sie in unserem Bewußtsein als völlig analoge Seinsformen. Wie wir erkannt haben und wissen, können sie sich in ihm in zweierlei Weise manifestieren: Einmal als gleichsam wesenlose rein phänomenale Manifestationen (Erscheinungen), das andere Mal als lichthafte transzendentale Wesenheiten oder reine Ideen. Bei den lebenden Wesen und materiellen Dingen sprechen wir von deren äußerer Form oder Erscheinung im Gegensatz zu deren verborgenem Wesen oder transzendentalem Sein in Gestalt göttlicher Eide und Ideen, bei den Buchstaben und Worten von ihrer phonetischen oder visuellen Form im Gegensatz zu deren Bedeutung (ebenfalls als Prinzipien oder Ideen).

Wie die Erscheinung eines Gegenstandes nicht sein Wesen und die lautliche Gestalt eines Wortes nicht dessen Bedeutung verrät, so ist auch die sinnliche Wahrnehmung sowohl eines geschauten Gegenstandes als auch eines gesprochenen Wortes wie auch ein Gedanke seiner reinen Form nach nichts als eine wesenlose Manifestation von Energie in unserem Bewußtsein, solange wir uns nicht selbst in Gott als unserem wahren Selbst gefunden haben. Es bedarf eines Bewußtseinsaktes oder Aufstieges unseres Geistes zu seiner eigenen Wurzel, um von der Erscheinung zum Wesen und von der Klangform eines Wortes zu dessen (transzendentaler) Bedeutung zu gelangen.

Das ist gemeint, wenn wir von den zwei Armen Shaktis oder den zwei Aspekten von Matrika – einem verhüllenden und einem offenbarenden – als den formenden Kräften unseres Bewußtseins sprechen. Einmal steigt Matrika aus der Welt der reinen Ideen herab, um diese in Raum und Zeit als materialisierte Erscheinungen (Worte, Wesen und Dinge) und über die Wahrnehmung unserer Sinne als solche in unserem Bewußtsein zu manifestieren, zum anderen aber erhebt sie unseren Geist zu seinem transzendentalen Ursprung, wo er sie nach ihrer ursprünglichen Idee oder reinen Bedeutung schaut und erkennt. Das eine ist die Wahrnehmung des blinden sinnenbezogenen individuellen Geistes (Manas, Mind), das andere aber die unmittelbare Schau im Lichte des reinen Bewußtseins oder Selbst.

Wie wir also die Welt bzw. das gesprochene oder geschriebene Wort wahrnehmen, liegt nicht an der Welt, dem Ding oder dem Wort, sondern an dem Stand und der Verfassung unseres Geistes bzw. Bewußtseins. Und es ist die jeweilige Richtung und Wirkweise von Matrika Shakti – die ja selbst die Substanz unseres individuellen Geistes (Citta oder Manas) bildet, ob sie nach unten und außen oder nach oben und innen gewandt ist, wonach wir entweder in der wesenlosen Wahrnehmung der Außenseite der Welt und der Sprache gefangen bleiben, oder aus der im Ursprung gegründeten Erfahrung unserer wesenhaften Einheit mit allem, deren lebende Innenseite, sprich ihr transzendentales Wesen und ihre Bedeutung, erkennen.

Wissen wir also um die Einheit unsers denkenden und erkennenden Geistes mit Matrika-Shakti, so haben wir auch verstanden, daß es an der Ausrichtung unserer Aufmerksamkeit und unseres Geistes liegt, in welcher Form und Richtung Matrika wirkt. Darüber hinaus gibt es aber auch den überpersönlichen Akt göttlicher Gnade oder des spontanen Erwachens des Selbst, das zu einer Umkehr des Geistes und der in ihm tätigen Matrika-Shakti führt.

Soweit unsere Zusammenfassung der Lehre und Übung von Shaktopaya.

2. 4 Zwei Lehrdialoge aus den Upanishaden

Ich möchte die Betrachtung dieses Kapitels mit zwei kleinen Dialogen aus den Upanischaden, die diese Aussagen sehr anschaulich belegen, beschließen. Einer dieser Dialoge stammt aus der Brihadaranyaka-Upanischad, der andere aus der Chandogya-Upanischad.

„Alt geworden, sagte (der Weise) Yajnavalkya zu Maitreyi, seinem Weibe: ‚Meine Geliebte, hier ist all mein Geld und mein Besitz. Ich gehe fort.' Sie antwortete ihm: ‚Herr, wenn ich die ganze Erde und all ihre Reichtümer besäße, würde mir das Unsterblichkeit verleihen?' ‚Nein' antwortete Yajnavalkya, ‚das wird es nicht; du wirst reich sein, das ist alles. Aber Reichtum kann uns nicht Unsterblichkeit geben.' Sie erwiderte: ‚was soll ich tun, um das zu erlangen, durch das ich unsterblich werden kann? Weißt du es, so sage es mir.'

Yajnavalkya antwortete: ‚Ich habe dich immer geliebt, und liebe dich nach deinem Fragen jetzt mehr als je zuvor. Komm, setze dich, ich will es dir sagen, und hast du es gehört, so meditiere darüber.'

Er sagte: ‚Es ist nicht um des Gatten willen, daß das Weib den Gatten liebt, sondern es ist um des Atman willen, daß es den Gatten liebt, weil er das Selbst ist. Keiner liebt das Weib um des Weibes willen, sondern, weil er das Selbst liebt, liebt er das Weib. Keiner liebt die Kinder um der Kinder willen, sondern weil man das Selbst liebt, deshalb liebt man die Kinder. Keiner liebt Reichtum wegen des

Reichtums, sondern weil man das Selbst liebt, liebt man den Reichtum. ... So liebt auch niemand die Welt um der Welt willen, sondern weil man das Selbst liebt, liebt man die Welt. Und desgleichen liebt man die Götter nicht um der Götter willen, sondern weil man das Selbst liebt, liebt man die Götter. Keiner liebt irgendein Ding um des Dinges willen, sondern man liebt es um des Selbst willen.

Darum will dieses Selbst gesehen, gehört, bedacht und meditiert werden. O meine Maitreyi, wenn dieses Selbst gehört worden ist, wenn dieses Selbst geschaut worden ist, wenn diese Selbst verwirklicht worden ist, dann hast du all das erkannt.'"

Daraus folgt: Alles, was wir außerhalb des Selbst lieben, ist nicht Liebe, sondern Verhaftung. Es ist Liebe um des kleinen Ich willen, das nur ein Schatten jenes wahren Selbst ist. So ist es mit allem. Sobald wir uns nur einem einzigen Ding im Weltall verhaften, sondern wir es und uns vom All als Ganzem und dem Selbst, das sein Wesen ist, ab. Wenn wir aber alles als Verkörperung des Selbst sehen und als solches lieben, nicht als Erscheinung, dann ergreifen wir das Ding, das All und das ganze Leben in Einem, als in seiner Wurzel, und gründen uns damit im reinen Sein als dem transzendenten Ursprung der Welt.

Wer etwas im Selbst liebt, der liebt darin alles in allem und wird in seiner Liebe selbst damit eins. Er erfährt sich nicht als dies noch als das, sondern als jenes Selbst, das All und alles durchdringt und umfaßt.

Das ist auch die verborgene Wahrheit hinter den Liebesgeboten Jesu: „Liebe Gott (das Selbst) über alles, und deinen Nächsten wie dich selbst (viz. als dein Selbst)." Oder: „Wer Vater oder Mutter, Sohn oder Tochter mehr liebt als Mich (das Selbst), der ist Meiner nicht wert." (Matth.)

Weiter spricht Yajnavalkya: „Es ist so, wie sich ein Salzkorn gänzlich im Wasser auflöst; es ist als solches nicht mehr zu erfassen, aber wann immer man vom Wasser trinkt, ist es salzig. Ebenso ist dieses große, unendliche, grenzenlose Selbst reiner Geist (der alles durchdringt). ...

„Wenn noch etwas anderes bestünde, so würde eins das andere sehen, eins das andere riechen, eins das andere schmecken, eins das andere begrüßen, eins das andere hören, eins das andere denken, eins das andere fühlen, eins das andere erkennen.

„Wenn aber alles zum Selbst geworden ist, womit und wen sollte er da sehen, womit und wen sollte er da riechen, womit und wen sollte er da begrüßen, womit und wen sollte er da hören, womit und an wen sollte er da denken, womit und wen sollte er da fühlen, womit und wen sollte er da erkennen? Womit sollte er den erkennen, durch den er das All erkennt? Womit, fürwahr, sollte er den Erkenner erkennen? So ist dir Unterweisung zuteil geworden, Maitreyi. Dergestalt ist die Unsterblichkeit."

Im Chandogya-Upanishad hören wir ein Gespräch zwischen dem Weisen Uddalaka und seinem gelehrten Sohn Svetaketu. Es heißt dort:

„Nachdem Svetaketu mit zwölf Jahren begann die Veden zu studieren, kehrte er im Alter von vierundzwanzig Jahren, nachdem er sie auswendig gelernt hatte, nach Hause zurück. ... Da fragte ihn sein Vater: ,Da du nun stolz bist und dich für gelehrt hältst, hast du denn auch nach der Lehre gefragt, wodurch man das Ungelernte lernen, das Ungedachte denken und das Unerkannte erkennen kann?'

,Nein, Vater, was für eine Lehre ist das?' 'Mein Sohn, kennt man einen einzigen Lehmklumpen, kann man daran alles aus Lehm Gemachte erkennen. Die verschiedenen Formen sind nichts als verschiedene Namen. In Wahrheit ist alles nur Lehm.

Kennt man einen einzigen Goldklumpen, so kennt man alle Dinge, die aus Gold gemacht sind, – der Unterschied liegt nur im Namen und in der Ausdrucksweise – denn in Wirklichkeit sind sie alle nur Gold. Genau so ist es mit jenem Wissen. Wer es weiß, der weiß alles.

Am Anfang, mein Lieber, war diese Welt nur Sein, ein Einziges ohne ein Zweites. Einige wiederum sagen, am Anfang sei diese Welt ein Nichtsein gewesen, ein Einziges ohne ein Zweites, und aus diesem Nichtsein sei das Sein entstanden. Aber wie sollte das möglich sein? Wie kann aus dem Nichtsein Sein entstehen? Im

Gegenteil: Am Anfang war diese Welt nur Sein, ein Einziges ohne ein Zweites. Es dachte: ‚Ich möchte vieles sein; ich möchte mich fortpflanzen.' Und so brachte es aus sich das ganze Weltall hervor.

Die Gottheit (das Sein) dachte: ‚Ich werde all die Dinge des Alls mit diesem lebendigen Selbst durchdringen und nach Name und Form unterscheiden. So ergoß sich das Sein, nachdem es aus sich das Weltall hervorgebracht hatte, in jedwedes Geschöpf und Ding. Das ist die Wahrheit. Das ist das unsichtbare Wesen aller Dinge. Das ist das Selbst. Und das, o Svetaketu, das bist du!'

Dann sagte Uddalaka Aruni zu seinem Sohn Svetaketu: ‚Vernimm von mir, mein Lieber, das Wissen über den Schlafzustand. Wenn ein Mensch schläft, dann hat er sich mit dem Sein vereinigt; er ist in sich eingegangen. Deshalb heißt es ‚svapiti' (er schläft), weil er zu sich (svam) eingegangen ist (apita) ...

Wenn ein Mensch hier auf Erden stirbt, mein Lieber, dann geht seine Sprache in das Denken über, das Denken in den Atem, der Atem in das Feuer, das Feuer in die höchste Gottheit. Diese feinste Essenz, das Wesen des gesamten Universums, das ist die Wirklichkeit, das ist das Selbst, das bist du, Svetaketu.' – ‚Belehre mich weiter, Vater.' – ‚Ja, mein Lieber', sprach er.

‚Die Flüsse hier, einige fließen nach Osten, einige fließen nach Westen. Aus dem Ozean kommend, fließen sie wieder in den Ozean, bis sie ganz zum Ozean werden. Wie sie dann nicht mehr wissen, ob sie dieser oder jener Fluß sind, so wissen all diese Lebewesen nicht, obwohl sie aus dem Sein hervorgehen, daß sie aus dem Sein hervorgehen. Ganz gleich, was sie sind, ob Tiger, Löwe, Wolf, Wildschwein, Wurm, Vogel, Bremse oder Mücke, sie werden zu diesem Sein. Diese feinste Essenz, das Wesen des gesamten Universums, das ist die Wirklichkeit, das ist das Selbst, das bist du, Svetaketu.' – ‚Belehre mich weiter, Vater.' –‚Ja, mein Lieber', sprach er.

‚Wenn jemand einen großen Baum an der Wurzel anschlägt, so wird dort Saft ausfließen, aber er wird weiterleben. Wenn er ihn in der Mitte anschlägt, so wird dort Saft ausfließen, aber er wird weiterleben. Wenn er ihn ganz oben anschlägt, so wird dort Saft ausfließen, aber er wird weiterleben. Vom lebendigen Selbst durchdrungen, besteht er strotzend vor Lebensfreude fort. Wenn das lebendige Selbst einen seiner Äste verläßt, dann verdorrt dieser. Wenn es einen zweiten verläßt, so verdorrt auch dieser, und wenn es einen dritten verläßt, so auch dieser. Verläßt es ihn aber ganz, so verdorrt der ganze Baum. Genauso stirbt das, was von dem lebendigen Selbst verlassen wird; das lebendige Selbst aber stirbt nicht. Diese feinste Essenz, das Wesen des gesamten Universums, das ist die Wirklichkeit, das ist das Selbst, das bist du, Svetaketu.' – ‚Belehre mich weiter, Vater.' – ‚Ja, mein Lieber', sprach er.

‚Bring mir eine Frucht von jenem Feigenbaume.' ‚Hier ist sie, Vater.' ‚Teile sie.'

‚Ich habe sie zerteilt, Vater.' ‚Was siehst du?'

‚Winzige Kerne, o Ehrwürdiger.' ‚Zerteile einen von ihnen.'

‚Ich habe ihn zerteilt.' ‚Was siehst du darin?'

‚Nichts, o Ehrwürdiger.'

‚Dies feine Wesen, das du, mein Lieber, nicht wahrnimmst, enthält doch den ganzen Feigenbaum. Glaube mir, mein Lieber, diese feinste Essenz bildet das Wesen des gesamten Universums; das ist die Wirklichkeit, das ist das Selbst, das bist du, Svetaketu ...' Da verstand er die Lehre seines Vaters.

Teil III

Dieser dritte Teil der Shiva Sutras geht von der gleichen Voraussetzung aus wie Teil I, jedoch aus der Perspektive des Jiva, des individuellen Selbst. Statt Chaitanya, dem universellen oder Gottes-Bewußtsein, bildet hier Citta, das individuelle Herz die Basis und den Ausgangspunkt des Weges und der Betrachtung.

Dementsprechend lautet Sutra 1 hier nicht wie in Teil I *Chaitanyam Atma*, sondern:

Sutra 1: *Atma Cittam.*

"Das individuelle Selbst (Atma oder Jiva) ist Geist (Citta, gebildet durch Buddhi, Ahamkara und Manas)."

Citta ist die begrenzte Form von kondensiertem Cit oder universellem Bewußtsein, nachdem es den Manifestationsprozeß durchlaufen hat.

Wie schon oben erklärt, ist Citta, der individuelle Geist, eine begrenzte Kontraktion von Cit oder dem Logos. Der Logos ist seine Wurzel.

In der Shaiva-Tradition wird das individuelle Selbst oder Jiva auch „Anu" genannt, das individuelle Atom oder die Monade.

(Vergl. Auch: I, Sutra 14)

Sutra 2: *Jnanam bandhah.*

"Das begrenzte Verstandeswissen (das ist die Ansammlung von angelernten, übernommenen Vorstellungen und Konzepten etc.) ist (für das begrenzte individuelle Selbst (Anu)) die Ursache von Gebundenheit."

Diese Sutra hat den gleichen Wortlaut wie Sutra 2 in Teil I. Hier haben wir jedoch einen anderen Referenzpunkt, nämlich Citta, das individuelle Herz.

Hier verweist der Vers ganz unmittelbar auf falsches Wissen, das durch eine Verwechslung des Selbst mit dem Nicht-Selbst und des Nichtselbst mit dem Selbst entsteht, eine Verwechslung, die aus der alles-verschleiernden, illusionären Macht von Maya stammt.

Dieses begrenzte Wissen ist von der Form von "Vikalpa" – einem Bilder-projizierenden Gedankenprozeß bzw. einer aus Manas und Ahamkara hervorkommenden niemals endenden Flut von „Vrittis" (Gedanken-Vibrationen), die aus der subtilen Gedanken-Substanz einen Vorhang webt, welcher die Natur der Höchsten Realität und des Selbst verhüllt und verbirgt. Diese ungewollte Aktivität unseres diskursiven Geistes (Manas) muß enden, das Rad der Einbildung angehalten werden, soll die dahinter verborgene Wahrheit und Wirklichkeit des Selbst offenbar werden.

Der unendliche Gedankenprozeß von „Vikalpa" gleicht „einer Glocke aus buntem Glas, das den weißen Glanz der Ewigkeit färbt." Wenn Vikalpa endet, geht das Licht der wahren Erkenntnis auf und vertreibt alle Dunkelheit, so wie die Nacht in der Morgendämmerung schwindet. Wenn der Schleier von Vikalpa gelüftet wird, dann leuchtet die Erkenntnis des Selbst auf.

Vikalpa gegenüber ist das wahre Wissen, in der Sanskrit Literatur "Vijnana" genannt, von völlig gegenteiliger Natur. Es verbirgt oder verwirrt nicht, sondern erleuchtet und offenbart. So heißt es im Vijnana Bhairava: „In der Welt ist Erkenntnis offenbartes Licht, und Atma das Licht, das offenbart. Da beide, Jnana (Erkenntnis) und Atma (Selbst) Licht sind und kein Unterschied zwischen ihnen besteht, ist es das Wesen des Erkennenden selbst, das in der Erkenntnis offenbart wird." Wie Lampe und Licht eins sind, so sind es auch Jnana und Atma. Der Erkennende aber ist niemand anders als das Selbst oder Shiva.

Bei Plato ist es die Sinneswahrnehmung (Aisthesis) und die gedankliche Vorstellung oder Meinung, beide unter dem Begriff der „Doxa" subsummiert, die der wahren Erkenntnis (Episteme) gegenüberstehen und uns für die Wirklichkeit des Seins blind machen. Erst in der Verinnerlichung und dem Aufstieg des Geistes zu seinem transzendentalen Grund, kommen wir zur Verwirklichung des Selbst und der Pax profunda.

Sobald sich der Geist von den Gedanken löst, weder etwas zurückweist, noch an etwas anhaftet, hört seine Aktivität allmählich auf und findet schließlich Frieden an seinem Quell. Wie Abhinavagupta formuliert: "Nichts ablehnen, nichts annehmen, einfach im Selbst verweilen, das ewige Gegenwart ist." (Anuttarastika, 2)

In der Bhagavad Gita heißt es: „Wer frei ist von Stolz und Täuschung, seine Anhaftungen (Abhängigkeiten) überwunden hat, immer im Selbst verweilt, wer am Ende seiner Wünsche angelangt und von den Gegensätzen wie Freude und Leid befreit ist, und sich nicht irreführen läßt, der erlangt seine ewige Heimstatt." (The Essence of the Bhagavad Gita, selected and reset by Bhagavan Ramana Maharshi, Vers 13)

"Jenen, die in sich ruhen und Mich mit liebender Hingabe verehren, verleihe Ich die Erfahrung der Einung, durch die sie zu Mir gelangen." (Vers 19)

„Dem, der von Wünschen und Erwartungen frei ist und dessen Tun vom Feuer der Erkenntnis geläutert ist, nennen die Wissenden einen ‚Weisen'." (Vers 25)

„Wo immer hin der unruhige und unstete Geist wandert, von dort sollte man ihn abziehen und ihn fest im Selbst verankern." (Vers 28)

„Wer Sinne, Geist und Intellekt unterworfen hat und dessen einziges Ziel die Befreiung ist, der frei ist von Wunsch, Angst und Zorn, der ist wahrlich frei." (Vers 29)

„Wer fest im Yoga steht und auf alles ohne jegliche Wertung schaut, der sieht das Selbst in allen Geschöpfen und alle Geschöpfe im Selbst." (Vers 30)

„Wer sich allezeit allein im Selbst erfreut, vom Selbst erfüllt und im Selbst allein zufrieden ist, für den gibt es kein Werk mehr zu tun." (Vers 38)

„Zufrieden mit dem, was immer das Schicksal (Prarabdha) ihm bringt, frei von den Gegensätzen, frei von Neid, unverändert in Erfolg und Mißerfolg, ist er niemals gebunden, selbst wenn er handelt." (Vers 40)

Nach Jiddu Krishnamurti können wir diesen Zustand als wertfreies Gewahrsein bezeichnen, das sich jenseits vom Denken befindet (Avikalpa-Vimarsha). „Gewahrsein ist nicht Denken. Es ist weder Disziplin noch Gewohnheit. Es ist Wachsamkeit die von Augenblick zu Augenblick fortschreitet." (Jaideva Singh) Und dieser unendliche Strom wertungsfreien Gewahrseins ist die wahre Natur des Selbst.

Dieser Zustand wird auch Sahaja oder natürlicher Samadhi genannt, im Taoismus „Wu-Wei", die Haltung des Nicht-Eingreifens.

Hier angekommen, hat man wahre Erkenntnis – Vijnana – erlangt. Um dies zu erreichen, ist es notwendig, sich der Ausstrahlung der Göttlichen Präsenz (im Inneren) vollkommen zu unterwerfen; dies geschieht durch Bhakti (Hingabe), Aham-Vichara (Selbsterforschung) und Nishkama Karma (leidenschaftsloses Tun). Wie alle Schriften empfehlen, sollte dieser Weg durch Studien der Weisheitstraditionen, der Selbstfindung, eines reinen Lebenswandels, Geradlinigkeit unseres Handelns, Gebet und Meditation usw. unterstützt werden.

Die Grundlage aber aller Erkenntnis und Verwirklichung ist die Schärfung unseres Unterscheidungsvermögens.

Sutra 3: *Kaladinam-tattvanam-aviveko-maya.*

"Ein Mangel an Unterscheidung (Aviveka) von konstitutiven Prinzipien (Tattvas) (der Schöpfung) wie Kala (beschränkte Täterschaft) usw. ist Maya."

Die Unfähigkeit der Unterscheidung der Tattvas wie die der Kancukas und der drei Gunas (Grundqualitäten) ist Maya.

In anderen Worten: Maya ist Nicht-Unterscheidung (Aviveka) im Sinne von für identisch halten, was tatsächlich unterschiedlich ist, bzw. zu meinen, daß der feinstoffliche und der grobstoffliche Körper, die in Wirklichkeit Prtak (unterschiedlich vom Selbst) sind, Aprtak seien, d.h. identisch mit dem Selbst.

Maya oder Täuschung ist Nicht-Unterscheidung im Sinne von für identisch halten, was unterschiedlich ist und für unterschiedlich, was identisch ist. Die Shaiva Tradition unterscheidet fünf Formen oder Oberbegriffe von Maya. Diese werden „Kancukas" oder Beschränkungen genannt und haben ihre Ursache unmittelbar im Manifestationsprozeß. Sie sind Konsequenzen der Selbsteinschränkung des absoluten Geistes (Cit oder Cetana).

Sie heißen:

Kala: die Einschränkung der Schaffenskraft und des Willens (Iccha und Kriya Shakti); sie wird damit zur Ursache des Empfindens von Schwäche, Ungenügen und Unfähigkeit.

Vidya: die falsche Identifikation und Verwechslung von Selbst und Nicht-Selbst (Erscheinung, Leiblichkeit, Individualität), bzw. Nicht-Selbst und Selbst. Bedingt ein mangelndes Selbstwertgefühl und wird zur Ursache von Kompensation.

Raga (Verlangen): begrenzt die absolute Fülle und Glückseligkeit des Selbst und bewirkt ein Empfinden von Unvollständigkeit und Mangel und wird damit zum Ursprung unserer Wünsche.

Kâla (Zeit): begrenzt das Empfinden der Ewigkeit (nitya) und Unzerstörbarkeit des Selbst und erzeugt das Empfinden von Zeitlichkeit und Vergänglichkeit. Sie ist die Ursache dafür, den Tod für real bzw. für das Ende des Lebens zu halten. Sie bildet den Ursprung unserer Ängste.

Niyati (Körperlichkeit): begrenzt die Freiheit der Bewegung und der Allgegenwart des Geistes im Raume. Verursacht das Empfinden von Begrenzung und Gefangensein.

Der Aspekt von Maya hat selbst drei Bedeutungen: 1) Maya-Shakti, als Ausdruck der unbegrenzten schöpferischen Schaffens- und Projektionskraft Shivas. 2) Maya Tattva, das konstitutive Prinzip, das beschränkte objektive Erfahrung verursacht. Dieses ist die materielle Grundlage von Prakriti, der objektiven und empfindungslosen (insentient) Welt. 3) Maya-Granthi, der Knotenpunkt von Empfindungslosigkeit und Empfindsamkeit in unserem Sinn individueller Identität, der durch Maya bzw. die fünf Kancukas hervorgerufen wird. Hierauf gründet die Verwechslung von Selbst und Nicht-Selbst in unserem subjektiven Erleben und unserer gedanklichen Konzeption der Individualität. Dies ist der inhaltliche Kern dieser Sutra.

Dieser Gedanke wird noch tiefer verständlich, wenn wir gewisse Grundbegriffe klarer definieren: In der Pratyabhijna Philosophie sind Citta-Pramata, Anu and Jiva synonyme Begriffe für die individuelle Seele. Als Manifestation und Folge des Aktes der Selbstbeschränkung oder Selbstbegrenzung des Selbst (Atma oder Cit) ist der Jiva durch drei Malas oder einschränkende Unvollkommenheiten gekennzeichnet. Diese Malas heißen Anava, Mayiya and Karma Mala.

Anava Mala ist die allem Geschaffenen innewohnende Ignoranz (Avidya) als unmittelbare Folge der Selbst-Beschränkung (hebräisch: Zimzum, Sanskrit: Sankoca) des Urzustandes des Universellen Bewußtseins auf die begrenzte Form des Anu (des individuellen Atoms). Dazu gehört, daß der Jiva sich als von Gott und Universum getrenntes Geschöpf betrachtet, das quasi im Nebel eines seelenlosen leeren Raumes herumirrt. Das ist sozusagen die erste Folge der Selbst-Einschränkung und Unvollkommenheit des Selbst aus der Wirkung der fünf Kancukas.

Mayiya Mala ist die durch Maya hervorgebrachte einschränkende Bedingung. Sie bewirkt eine Verfassung falscher Identifikation oder einer Verwechslung von Selbst und Nicht-Selbst (Körper, Individualität und Welt) und führt zu Moha, der Großen Illusion.

Als drittes gibt es das durch Samskaras (innnere Konditionierungen oder Prägungen) und Vasanas (das sind die daraus resultierenden und angeborenen Neigungen) hervorgebrachte Karma Mala, die uns äußerlich und innerlich auferlegten Begrenzungen und Blockierungen, die unter dem Einfluss von Illusion und Begierde entstanden sind. Die Impulse der Vasanas formen unsere innewohnenden unbewußten Emotionen, Vorstellungen, Motive und Tendenzen und bestimmen damit den Lauf unseres Lebens und tragen uns von Geburt zu Geburt (Samsara).

Die Malas sind nichts anderes als die Folgen von Ajnana oder Avidya, das ist der Unkenntnis unserer wahren Natur. Ajnana ist grundsätzlich die Ursache für Anava Mala, weiters von Mayiya Mala, und als Folge davon wiederum Ursprung von Karma Mala und Samsara. Wenn Jnana oder Vidya erlangt wird, werden in dem Lichte der Erkenntnis des Selbst alle Malas Schritt um Schritt überwunden. Vidya hebt den Jiva über Mayiya Mala hinweg und bringt ihm Erlösung von seinem Karma. Erst zuletzt überwindet er Anava Mala, den Eindruck einer separaten Existenz.

Nur wer auf die Ebene von Suddha Vidya aufsteigt, d. h. den Zustand von Sadashiva erlangt, erfährt auch die Befreiung von Anava Mala, der Vorstellung, ein getrenntes Wesen oder Anu zu sein.

Sutra 4: *Shrire Samharah Kalanam.*

„Die Auflösung der verschiedenen Tattvas des (kausalen, fein- und grobstofflichen) Körpers sollte durch starke Hingabe in Verbindung mit streng auf Aham Vimarsha (Bhavana) ausgerichteter Konzentration und Gewahrwerdung praktiziert werden (um der Gebundenheit durch die fünf Kancukas ein Ende zu bereiten).“

Erläuterung: Der Suchende, der um letztendliche Befreiung ringt, überwindet Schicht um Schicht die diversen Bedingtheiten und Begrenzungen, die durch die verschiedenen Hüllen (Shariras oder Feinstoffkörper) verursacht werden. Diese Hüllen oder Feinstoffkörper bestehen aus Emotional- bzw. Astralleib, Mental- und Kausalleib.

Im Gang der Verwirklichung und der Erkenntnis unseres Selbst, werden diese sukzessive gereinigt, verwandelt und aufgelöst, sodaß zuletzt nur die reine Essenz (Akasha) des göttlichen Selbst oder Bewußtseins übrig bleibt.

Alice Bailey hat diesen Prozeß in ihrem Buche „Initiation - Human and Solar“ in treffender und bewegender Form beschrieben: „Wenn ein Mensch sich dem Pfad nähert, bleiben auf dem Probepfad viele zerstörte Formen zerstreut liegen, und in immer kleineren Zyklen oder Abständen verändert er seine Vibration, wobei er seine Schwingung in einem Leben oft mehrmals erhöht. Man erkennt daraus, wie das Leben aller Aspiranten von ständiger Bewegung, ständiger Veränderung und Differenzierung begleitet ist, wenn es erst einmal mit der gewünschten Schnelligkeit vorwärtsschreitet; es findet ein ständiges Aufbauen und Zerstören immer neuer Gedanken- und Bewußtseins-Formen statt. Es ist ein Leben andauernder Erneuerung und zahlloser Veränderungen.... Man gelangt über eben erst gewonnene Erkenntnis hinaus und merkt, daß sie nur Stationen auf dem Weg zu noch höheren sind; es werden Visionen geschaut, nur um von anderen abgelöst zu werden; Träume werden erlebt, nur um wieder beiseite geschoben zu werden.

„Es ist der Kausalkörper, der der Träger des höheren Bewußtseins ist, der Tempel des innewohnenden Gottes, der nach tiefen und umfassenden Wandlungsprozessen von so seltener Schönheit und von so sicherer Festigkeit zu sein scheint, daß, wenn die endgültige Vernichtung selbst dieses Meisterwerkes so vieler Leben eintritt, der Becher in der Tat bitter zu leeren ist und die Bewußtseinseinheit unsagbar verarmt und beraubt erscheint. Der Eingeweihte ist dann nur des eingeborenen Göttlichen Geistes, nur der Wahrheit der Gottheit bewußt; er erkennt gründlich und bis in die Tiefen seines Wesens die Vergänglichkeit der Form und aller Formen und steht allein im Wirbel der Einweihungszeremonien, verlassen von allem, worauf er sich gestützt hat (sei es Meister, Freund, Lehre oder Umwelt); und so kann er mit Recht ausrufen: "Ich bin das Ich bin, und es gibt nichts anderes als das Selbst". Dann kann er wohlverdient bildlich gesprochen seine Hand in die Hand seines Vaters im Himmel legen und die andere segnend über die Menschheit ausstrecken, denn nur die Hände, die alles fahren ließen, was zu den drei Welten gehört, sind rein und frei, um der ringenden Menschheit den höchsten, letzten Segen zu bringen.

„Dann erschafft er sich eine Form, wie er sie sich wünscht, eine neue Form, die nicht mehr der Vernichtung unterworfen ist, aber für seine Bedürfnisse genügt, die abgelegt oder benutzt werden kann, so wie es die Gelegenheit gerade erfordert."

Sutra 7: *Mohajayad ananthabhogat sahajavidyajayah.*

"Durch einen restlosen Sieg über (Wurzel und Entfaltung der) verschleiernden Maya (Moha) erlangt man das natürliche, innewohnende Gewahrsein der Wirklichkeit des Selbst."

Nach Sutra 3 gelingt das durch vollständige und klare Unterscheidung der konstitutiven Tattvas des Seins.

Um welche Form von Erforschung und um welchen Sieg handelt es sich hier? Es ist ein Sieg, der über die Überwindung der ursprünglichen Wurzel von Maya hinausgeht, sich bis hin zur völligen Auslöschung der allerletzten Spuren von Ignoranz und Anava Mala (falscher Identifikation) erstreckt und uns auf den absoluten Gipfel des reinen Gewahrseins, dem letztendlichen Erbe des Selbst hinaufführt.

Moha bedeutet die durch unsere Begierden verursachte Verblendung. Die Meisterung von Sahaja Vidya, die von der Natur Unmanas, einem wesentlichen Aspekt Shivas ist, erfolgt über den restlosen Sieg über die Macht von Moha und Maya; Unser Triumph über sie führt uns unmittelbar zum Aufstieg zum reinen Grund des Selbst.

Während Mana lediglich eine Herzensahnung ist, die sich nur allmählich, Schritt um Schritt, zu einer festen Erfahrungsgewißheit formt, ist Unmana Wissen auf einen Schlag und auf unbegrenzte Dauer.

Es gibt viele Stufen auf dem Weg des Aufstieges von Anu (Jiva) zu Shiva. Bis zur Erreichung von Samana regiert Manas oder der Verstand. Durch Überwindung von Moha und Maya bis hinauf zu Samana kann man Atma Bodha oder reine Selbsterkenntnis erlangen, völlige Verwirklichung allerdings nur wenn man auch die Gebundenheit von Samana (dem gereinigten individuellen Geist) transzendiert.

Samana ist der höchste Ausdruck und die reinste Form des individuellen Geistes (Mind, Citta), in dem jedoch noch Samkalpa-Vikalpa, die Tätigkeit absichtsloser mentaler Projektionen, besteht.

Nur wenn der Suchende die Stufe von Unmana erklimmt, wo das mentale Denken vollständig verschwindet und das reine Bewußtsein in Form des Selbst aufleuchtet, kann er Cidananda Ghana, die unbegrenzte Glückseligkeit reinen Bewußtseins erfahren und Svatantrya Shakti und Shiva Viapti, das Shiva-Gewahrsein, erlangen. Nur wer fest darin gegründet ist, kann das höchste Licht und den Urgrund selbst (Cit-Jyoti) offenbaren. Deshalb kann Unmana mit dem Shiva-Bewußtsein gleichgesetzt werden.

Sutra 8: *Jagrat-dvitiya-karah.*

"Der (der Sahaja Vidya erlangt hat) ist für immer erwacht, und weilt in ununterbrochener Einheit mit Unmana; ihm erscheint die Welt als Ausstrahlung seiner eigenen Lichtfülle."

Verschiedene Aspekte und Früchte dieser Erkenntnisstufe sind:

Sutra 9: *Nartaka Atma.*

"Wer seine wesenhafte Natur als Selbst verwirklicht hat, ist nur ein Akteur (oder Tänzer) (auf der Bühne der Welt)."

Er erfüllt sein Prarabdha Karma wie auch individuelles Dharma (seine Berufung) in völligem Einklang mit Gottes Plan und Willen, der seiner Seele in Form eines Seelenplanes innewohnt. Er spielt das Lebensdrama gemäß des ihm in der Seele eingeschriebenen Planes bzw. Drehbuches des Schöpfers, der ihn vermittels des inneren Wortes (Hegemonikon, Logos) wie auch des „Regisseurs" (der Führung aus der geistigen Welt) von innen und außen leitet.
All die genannten Instanzen erfährt er nur als verschiedene Ausdrucksformen des einen Selbst. Seine Aufgabe währt so lange, bis er sie und damit sich selbst vollendet und in den Stand reiner Sohnschaft herangereift und so die vollständige Verwirklichung seiner Buddha- oder Christusnatur gemäß seines Seelenplanes in Gott erlangt hat.

Sutra 10: *Rango'ntaratma.*

"Seine Seele (sein feinstofflicher und kausaler Körper) (Antaratma) stellt die Bühne (des Selbst als des Akteurs (Ranga)) dar"

Diese Seelenbühne ist auch das Kurukshetra der Srimad Bhagavadgita, das Kampffeld Arjunas, auf dem er sich im geistigen Kampf zu bewähren hat. Unser Schlachtfeld ist also nicht die Welt, sondern unser Seeleninnenraum. Von hier steigen unsere Anfechtungen auf, und hier erringen wir unsere Niederlagen und unsere Triumphe. Hier führt Krishna (als Verkörperung des Selbst bzw. des Logos) selbst den Streitwagen Arjunas (der Individualität) in die Schlacht gegen die Armee „der Verwandten", das sind unsere Gewohnheiten, Verhaftungen, Begierden und mentalen Vorstellungen (Vikalpas), um sie endgültig zu überwinden.

Der Ort – Ranga oder die Bühne –, an dem das Selbst im Vollzug seiner Rollen gemäß der (göttlichen) Intention des Weltendramas sich ergeht, ist die individuelle Seele, und die Vielfalt der Rollen, die das Leben für Ihn bereit hält, sind die (ihm zugedachten) Partien des Drehbuches (Seelenplan), die dem Jiva (dem individuellen Subjekt) in dessen inneren Kern (Anu) eingeschrieben sind und sich aus ihm heraus entfalten. So wird gesagt: „Wenn der Akteur seinen Fuß auf diese Bühne setzt, spielt er das Drama des Weltengangs mittels der aktiven Tätigkeit seiner Seelenorgane (Karana)."

Diese beiden letzten Verse beinhalten mehrere Aussagen zugleich. Eine davon ist die, daß Gott menschliche Form annimmt, um Seine verborgene innere Natur zu offenbaren. Er hat die menschliche Seele als Raum Seiner reichsten Selbstoffenbarung erwählt:

(1) Gott wählte die Gestalt des Menschen für die Inszenierung Seines Lila, den fünffältigen Akt von Schöpfung, Erhaltung und Auflösung, von Verbergung und Offenbarung. Seine erste und ursprünglichste Manifestation war die des Demiurgen. (Siehe; Ezechiel 1, 12 – 28: „Und auf diesem thronartigen Gebilde war oben eine Erscheinung, die das Aussehen eines Menschen hatte.")

Ihr folgte als Bild der ersten Selbstoffenbarung Gottes die Gestalt Adam Kadmons, des kosmischen Urmenschen. Alle Schöpfung begann also damit, daß Gott sich die menschliche Gestalt erwählte, um sich darin zu offenbaren.

„Adam" war die erste nach Seinem Bilde geschaffene Schöpfung aus „Lehm" – „Adamah", Sinnbild für den Urstoff aus geschaffenem Licht; seine Seele aber ist Atem JHWH's – Nishmat JHWH (Bereshit 1). Daher wird auch die spirituelle Seele des Menschen im Weisheitsbuch Neshamah – Odem Gottes genannt: „Neshamah Or-JHWH" – „Die Seele ist Licht von JHWH" und wird häufig mit JHWH, Gott selbst, identifiziert. Wie Gott sich am Anfang in menschlicher Gestalt offenbarte, so tut Er es immerdar in jedem Menschen.

(2) Innerhalb Gottes gesamter Schöpfung ist die individuelle Seele die Hauptmanifestations- und -wirkstätte Seines Logos. Er ist es, der die Seele von innen und außen gestaltet; Er ist es, der Gottes Kraft und Herrlichkeit in der Tiefe unserer Seele offenbart. Fest verankert im inneren Wort Gottes, gelangen wir zur Gott-Geburt in unserer eigenen Seele, die uns hindurchführt durch viele Stufen und Stationen des Lebens, von Erkenntnis zu Erkenntnis und von Einweihung zu Einweihung – von der Taufe bis zur Himmelfahrt – bis zur letztendlichen Einung mit Gott.. Es ist in der Himmelfahrt, in der unser individueller Geist (Jiva, Citta) zu seiner oberen Wurzel aufsteigt und vollkommen im Vater (Shiva, Cit) aufgeht. Von da an erst sind wir wahrhaft „Beisassen" im Reich Gottes, wo wir mit Ihm regieren, und uns mit Ihm der Königsherrschaft erfreuen. ... All diese Schritte und Segnungen sind Geschenke Anugrahas, der unendlichen Gnade Gottes (Shaktis).

(3) Fest verankert im lebendigen Logos in der eigenen Seele, erfüllt der Ergebene seine Berufung, indem er seine gottgegebene Rolle in völliger Losgelöstheit und Hingabe auf der Bühne von Raum und Zeit annimmt und bis zur Vollendung spielt, bis er im „es ist vollbracht" zu seiner letztendlichen Ruhe in Gott eingeht.

(4) Keine andere Übung als eine äußerst bewußte und wache Lebensführung kann ihn zum Erfolg führen.

(5) Alles Vollbringen ist ein Gnadengeschenk Gottes (des Selbst, Shaktis, des Logos). Gottes Gnade verleiht uns die Fähigkeit und Kraft, unser inneres und äußeres Werk auszuführen, und Seine Kraft bewegt und erhebt uns von einer Stufe zur nächsten. So erringen wir Rang und Würde und – indem wir den Kelch des Schicksals bis zur Neige trinken – gehen wir schließlich ein in „die Herrlichkeit, die wir beim Vater hatten, vor Grundlegung der Welt". (Joh.)

(6) Alles bewußte Leben sucht Transparenz zur Transzendenz. Er ist es, der spricht in uns, Er, der sieht in uns und Er, der tut in uns. Wir sind Seine Bühne, und wir sind Sein Akteur. Er – der Logos – aber ist Autor, Regisseur und Beweger unserer Seele und unseres Leibes. Unsere Individualität – samt ihrer geistigen Organe (Antahkarana) ist nur der Tänzer an Seiner Hand.

Sutra 11: *Presakani Indriyani.*

"Die Sinne (Indriyas) (eines Yogi) sind die Zuschauer (seiner Handlungen)."

Wie im Katha Upanishad konstatiert: "So mancher Weiser, der mit nach innen gewandtem Blick (= in Introspektion) Unsterblichkeit verkosten möchte, ist im immanenten Selbst zur Ruhe gekommen." (II, 4, 1)

Sutra 12: *Dhivashat Sattva-siddhi.*

"Vermittels der höheren spirituellen Intelligenz (Dhi), vermögen wir die Schwingung des Lichtes des Selbst wahrzunehmen."

Sutra 13: *Siddhah Svatantrabhava.*

"Freiheit (Svatantra) ist nun erlangt."

Svatantra bezeichnet eine Freiheit, die nicht nur als Befreiung (von den Banden der Malas) zu verstehen ist, sondern auch im Sinne göttlicher Vollmacht und Verfügungsgewalt über das unbegrenzte Wissen und Handlungsvermögen (Jnana und Kriya) des Paramatman; in Gemeinschaft ermöglichen sie dem Yogi oder Adepten das ganze Universum unter Kontrolle zu bringen. Wie Sri Avatarakanatha sagt: "Nimm Zuflucht zu deiner Svatantrya Shakti (der Kraft der absoluten Freiheit). Sie ist Kali, die Para Kala (die projective und allwissende Schöpfungskraft)." Und im Svaccanda Tantra lesen wir: „Alle Tattvas, alle Lebewesen, alle bekannten Mantren und Buchstaben stehen stets unter der Kontrolle dessen, der sich selbst als von Shiva nicht unterschieden erkannt hat." (VII, 245)

Hier hat der Yogi die begrenzende Macht der Kancukas, insbesondere aber von Kala, überwunden und zur göttlichen Allmacht des reinen Geistes zurückgefunden. (Siehe auch Sutra 14):

Sutra 14: *Yatha-tatra Tatha-anyatra.*

"Wie (ein Yogi) in seinem eigenen Körper sich frei bewegen und wirken kann, so kann er das überall (im ganzen Universum)."

"Er bewegt sich frei von Willen im Anfang, frei von Willen in der Mitte und frei von Willen in der Vollendung." (Svacchanda VII, 260) "Diese Freiheit (des Spanda Prinzips, des Prinzips der uranfänglichen Schwingung oder des Urimpulses) ist naturgegeben und überall gegenwärtig. Dies sollte bedachtsam und treu erforscht werden." (Spanda Karika I, 7 & 6)

Sutra 15: *Bijavadhanam.*

"Man sollte sich fest in Bija, die Wurzel des Universums, verankern, fest an sie halten."

Bija kennzeichnet sowohl den Samen und die Wurzel des individuellen Selbst wie auch des Universums, das Pulsieren des reinen ICH-Bewußtseins und der höchsten Shakti (=Logos). „Sie (Para Shakti) ist der Ursprung aller Götter, Kräfte und Wesen. Dieser

Ursprung ist von der Natur des Feuers und des Mondes (in der Bedeutung von Pramana-Prameya, Prakasha-Vimarsha, Jnana-Kriya ect.) Hier entspringt alles." (Netra Tantra VII, 40)

Daher sollte unsere Aufmerksamkeit fest auf diesen Punkt (den Urpunkt bzw. Logos) gerichtet sein.

Das ist auch der Kern der Aussage des Deuteronomium, worin es heißt: "Hafte deinen Sinn fest an das Wort Gottes (= Logos) ..."

Sutra 16: *Asanasthah-sukham Hrade-nimajjati.*

"Wer (geistig) in Parashakti (oder dem Shivazustand) gegründet ist, geht leicht im Ozean der Unsterblichkeit auf."

Sutra 17: *Svamatranirmanam Apadayati.*

"Er kann alles im Einklang mit demjenigen Aspekt und Maß der schöpferischen Energie des Bewußtseins hervorbringen, in der er selbst gegründet ist."

Wie im Ishwara-Pratyabhijna gesagt wird: „Aus der Kraft des schöpferischen Gedankens (Vimarsha Shakti) macht Er (das reine Selbst) Sich Selbst zum Gegenstand der Erkenntnis. Der Gegenstand hat keine unabhängige, eigene Existenz. Wäre Er im Akt der Schöpfung von einem Gegenstand (als von etwas außerhalb Seiner Selbst bestehendem) abhängig, so würde das seine absolute Freiheit verletzen." (I, 5, 15) Das meint: Er wäre nicht, was Er ist, nämlich der Ursprung und der Grund der Welt, frei und von nichts anderem abhängig als von Sich Selbst.

Ist die volle Kraft von Para Shakti erlangt, so kann er sie mühelos sowohl als Subjekt als auch als Objekt manifestieren, denn das Selbst ist beides! (Vgl. Shankara's Drg-Drsya-Viveka und Plotins Betrachtungen über den ersten Gedankenakt; siehe auch Kapitel 6. 4)

Bewußtsein und sein Inhalt, Subjekt und Objekt, nous und Denken, stehen im selben Verhältnis zueinander wie Wasser und Eis. Sie haben dieselbe Substanz.

So hat ein Yogi in Suddha Vidya die Schöpferische Kraft des Kosmischen Bewußtseins erlangt und kann im Einklang damit und nach dessen Maßgabe lebende und leblose Geschöpfe (Vedaka und Vedya) hervorbringen. Im Licht von Para Shakti gibt es keine Unterschiede für sein Bewußtsein, weder als Subjekt noch als Objekt. Er kann nicht wiedergeboren werden, denn er handelt nicht aus Ahamkara (entsprechend dem Gesetz des Karma), sondern lediglich aus Iccha oder Göttlicher Intention.

Die Gnade Gottes ist es, die uns die Macht verleiht, alles, was in uns angelegt ist, zu vollbringen. Seine Gnade (Anugraha) (d. i. die Kraft des Logos) zieht uns darüber hinaus zunehmend nach innen in unseren göttlichen Grund. Sie führt uns auf den Weg der vollkommenen Einkehr in uns selbst und zur letztendlichen Ruhe. Es ist der Logos bzw. die Shakti des Paramatman, die das individuelle Selbst (Jiva, Anu) bzw. den individuellen Geist (Manas, Mind) in seinen Ursprung zurück zieht und dort festhält. Erst der nach innen gewandte Geist aber hat die Kraft seine eigene Wurzel zu ergründen. Die Gnade Gottes oder des Selbst, die sich im gereinigten Herzen des Sadhaka oder Wahrheitssuchers als spontane Introversion des Geistes (bzw. der ihm innewohnenden Kraft des Logos) kundtut, ist es, die ihn tiefer und tiefer nach innen in den grundlosen Grund und Ursprung seines Wesens zieht, wo er schließlich im Ozean vollendeter Glückseligkeit auf- und untergeht. Dort enden alles Streben und alle Impulse personalen Wollens.

Dort beharrt selbst die verwirklichte Seele noch in ihren *Sadhana*, in der Form spontaner und gefestigter innerer Ausrichtung. Ohne Unterlaß bleibt ihr Geist in seinem Ursprung versenkt und ohne Unterlaß fließt er in seinen eignen Grund zurück. Er produziert dann nicht mehr frei „floatende" Gedanken oder Vorstellungen (Vikalpas), sondern ruht in reiner Selbstbetrachtung in sich. Das wird Manonasa, der Tod von Manas, genannt. Seine Wahrnehmung ist wie der Blick der Seele in den Horizont zwischen ungeschaffenem und geschaffenem Sein, in dem sie bezeugend ihr ewiges Werden und Entwerden gewahrt. Das ist die mühelose und zur Ruhe gekommene Versenkung des Geistes, die beständige Verwandlung des nach innen gewandten „Ko-Ham" in das aufsteigende „So-Ham", das ununterbrochene Aufleuchten des ICH-BIN in der Selbsteinkehr des Geistes. Die Bewegung hat sich von der willentlichen Übung über einen unterbewußten Kraftstrom, in einen natürlichen, überbewußten, absichtslosen und spontanen Vollzug verwandelt, dem ursprünglichen und autonomen „Ajapa Japa" oder „So-Ham-Nada". Das ist der Weg von Anavopaya über Shaktopaya und Shambhavopaya zu An-upaya, dem weglosen Weg.

Gemäß seinem doppelten Ursprung ist Mensch eine „Mischung" von beiden: Zeit und Ewigkeit, schöpferischem Prinzip und Kreatürlichkeit. In seinen unteren Wesensgliedern ist er Glied der Schöpfung, in seinen oberen aber ein Glied des Schöpfers. Hat er seine niedere Natur unter die Herrschaft der höheren gebracht, so wird er „Meister" genannt, denn er hat einen festen Stand im überpersönlichen ICH-Bewußtsein oder Logos errungen.

Durch diese feste Verankerung im Logos wird er zum Mit-Regenten des göttlichen Autokraten und zum Mit-Schöpfer seines Schöpfers.

Sutra 18: *Vidya-avinashe Janma-vinashah.*

"Da Suddha oder Sahaja Vidya nicht vergehen, ist der Zirkel von Geburt und Tod durchbrochen."

"Wer dasjenige verwirklicht, das von den drei Tattvas (hier im Sinne von „Verschiedenheit" (Bheda) im Hinblick auf Objektivität, „Einheit in der Vielfalt" (Bhedabheda) im Hinblick auf die Akte des Erkennens, der schöpferischen Intention und des Denkens und „Nicht-Verschiedenheit" (Identität) (Abheda), im Hinblick auf reines, gedankenfreies Bewußtsein (Avikalpa Vimarsha)) frei ist, was ewig, unwandelbar und immerwährend ist, erlangt Befreiung von allen Malas." (s. auch Mrityujit Tantra, VIII, 26 - 27)

Sutra 20: *Trisu-caturtham Thailavad-asecyam.*

"Der vierte Zustand Atmischen Gewahrseins (Turiya genannt) fließt wie Öl über den See der drei Zustände (Wachheit, Traum und Tiefschlaf)."

In diesem überbewußten Zustand herrscht ein ununterbrochener Strom reinen Gewahrseins, der alle drei Zustände des Geistes – Wachen, Traum und Tiefschlaf – überstrahlt und umfaßt. Das Gewahrsein des ICH-ICH versiegt niemals.

Sutra 21: *Magnah-svacittena Pravishet.*

"Man tritt in diesen Zustand ein, wenn man in reinem Ich-Gewahrsein (Aham-Vimarsha) aufgeht, ohne nur den geringsten Rest von Gedankenkonstrukten (Vikalpa) zurückzuhalten."

Sutra 24: *Matra-svapratyaya-sandhane Nastasya-punarutthanam.*

"Sollte sich das empirische ICH-Bewußtsein des Yogi an ein Objekt binden, so sinkt das Gewahrsein des Yogis von der transzendentalen Ebene des Bewußtseins herab."

„Deshalb sollte alles, was vom Auge erspäht wird, was der Geist bedenkt, der Intellekt vergewissert, was dem empirischen Ich zugehört, was als Bewußtseins-Objekt existiert, selbst was nicht existiert, restlos auf das reine Licht des Bewußtseins oder Shiva's hin untersucht werden." (Svacchanda Tantra, XII, 163 – 164)
"Derjenige, dessen Geist zum Bersten von der höchsten Wirklichkeit (als dem einzigem Gegenstand seines Gewahrseins) erfüllt ist, wer bei allen Gelegenheiten beständig und vollständig ausgewogen (und von allen Wünschen frei) ist, dessen Geist weicht nicht (von seinem festen Ziel), selbst wenn er allerlei Arten von Umständen durchlaufen muß.
„Wo auch immer sein Geist sich bewegt, dort schaut er nichts als Shiva. Bei aller Vergegenwärtigung der Dinge kann er nichts als

Shiva erkennen. Da Shiva allgegenwärtig ist, wohin könnte sein Geist sich wenden? Wo könnte er suchen, wo Shiva nicht wäre?"

Sutra 25: *Shiva-tulyo Jayate.*

"Solch ein Yogi wird Shiva gleich."

Sutra 26: *Shariravrittir Vratam.*

"In Form eines Aktes heiliger Andacht (Vratam) in seinem Körper (Sharira) zu verweilen, darin besteht seine geistige Gründung (Vritti)."

Sutra 27: *Katha Japah.*

"Seine gesamte Konversation (Katha) besteht allein in Japa (Zwiesprache mit Gott und dem Selbst)."

In der Spontaneität seines Ein- und Ausatmens wiederholt der individuelle Geist beständig das Mantra „Ham-sah". Dies wird auch als „natürliches Rezitieren" oder Ajapajapa bezeichnet: die absichtslose Wiederholung des angeborenen Mantras. Er tut dies von der Geburt bis zum Tod. Während er im Zustand der Unbewußtheit beständig die Suchfrage „Ko-Ham" („Wer bin ich?") wiederholt, eröffnet sich ihm im Erwachen die Seinserfahrung des „So-Ham" („Das bin ich"), die ihn schließlich zur Verwirklichung des Selbst in der Erfahrung des „Ham-Sah" („Ich bin Das"), oder „Shivo-Ham" („Shiva ist mein wahres Ich") führen.

„Ha" repräsentiert Shakti, „Sah" steht für Shiva und das „am" in der Mitte stellt den Jiva oder die empirische Individualität dar. Die Einatmung (Prana) geht mit der Silbe „Ha", die Ausatmung (Apana) mit „Sah", und der kurze Atemstillstand oder Verbindungspunkt dazwischen mit der Silbe „am" einher; in der Verschmelzung mit Bindu, dem Ursprung und der Bestimmung aller geschaffenen Dinge und allen Lebens, erwacht das Individuum (Jiva) zu sich selbst und geht in der glückseligen Erfahrung der Einheit von Shiva und Shakti auf.

Alles geistige Leben ist dort allein Zwiesprache mit Gott.

Sutra 28: *Danam Atmajnanam.*

"Die Erkenntnis des Selbst strahlt der Erkennende als Segen aus, den er (ringsum) verbreitet."

Die bloße Anwesenheit eines Verwirklichten strahlt reine Shakti aus.

Sutra 29: *Yo'vipastho Jnahetushca.*

"Wer in Matrika (Shakti Chakra) gegründet ist, wirkt in der Tat als Agent göttlicher Weisheit."

Sutra 30: *Svashakti-pracayo'sya Visvam.*

"(Er erfährt) das Universum als Entfaltung (Pracaya) seiner geistigen Kraft (Svashakti)."

In anderen Worten: Er erfährt die Welt in der Fülle seiner eigenen Shakti. Aus der Sicht der Heiligen Schriften ist die ganze Welt nur eine Form von Shivas Shakti. Wie der Suchende seine Einheit mit Shiva erfährt, so erfährt er auch das Universum als Pracaya, als eine Ausdehnung seiner eigenen Citi, insbesondere als eine Entfaltung seiner Kriya Shakti.

Da Wissen und das Gewußte (sein Gegenstand) gemeinsam erfaßt werden, sind sie ein und dasselbe.

Sutra 31: *Sthiti-layau.*

"Dasselbe gilt von den beiden Prozessen der Erhaltung (Sthiti) und der Wiederauflösung (Laya) (der Schöpfung)."

Wenn der Yogi als bloßer Zeuge in steter Einheit mit seinem Ursprung (dem Logos oder der Shakti Shivas) verweilt, dann erfährt er den fünffältigen Akt Shivas als seinen eigenen.

Sutra 32: *Tat-pravrittau-api-anirasah Samvetr-bhavat.*

"Trotz der (aufeinanderfolgenden) Akte von Erhaltung und Wiederauflösung des Weltengangs gibt es keinen Bruch (im Bewußtseinsstrom des Yogi), denn er ist unberührter Zeuge oder reines Subjekt (allen Geschehens)."

Sutra 33: *Sukha-dukhayor Bahirmananam.*

"In gleicher Weise erfährt der Yogi Freude und Leid als etwas Außenstehendes."

Freude und Leiden sind Erfahrungen von Antahkarana, dem inneren Organ der Psyche des Jiva. So ist derjenige, der sich mit diesem Organ als Teil seines Selbst identifiziert, an diese Malas gebunden, und derem Wechsel unterworfen. Der Yogi aber, der im vollständig transzendentalen Zustand des Selbst (Atma) verwurzelt ist, erfährt und betrachtet Antahkarana, Anu und Jiva, die zusammen deren (der Freude und des Leides) einziges empirisches Subjekt darstellen, als Nicht-Selbst. Beide – sowohl Freude als auch Leid betreffen oder berühren ihn, der sich als Atma oder reiner Zeuge erfährt, in keiner Weise. In ihm wohnt nur die Erfahrung strömender Glückseligkeit (Ananda), die aus dem Lichtfunken des Ich-Ich oder Logos ewig neu aufsteigt und ihren Sitz im Innersten des unendlichen Universellen Bewußseins hat.

Als Zusatz wird in Spanda Karika festgestellt: „Wo es weder Freude, noch Leiden, weder Erkanntes (Gegenstand (Vritti, Vacya)), noch Erkennenden (als empirisches Subjekt), noch einen Zustand von Ignoranz und Gefühllosigkeit gibt, dort erfahren wir die höchste Wirklichkeit des reinen Seins. (Das ist die Ebene der Absoluten Wirklichkeit)." (I, 5)

Selbst wenn Freude und Leid gegenwärtig sind, fällt der Yogi nicht aus dem Stand des Bezeugens.

Meister Eckhart ist es, der diese Verfassung der in Gott gegründeten Seele in geradezu poetischer Form zum Ausdruck bringt:

„Nun sagen unsere biederen Leute, man müsse so vollkommen werden, daß uns keinerlei Freude mehr bewegen könne und man unberührbar sei für Freude und Leid. ... Ich aber sage: Einen Heiligen, dem Pein nicht wehe täte und Liebes nicht wohl, hat es noch nie gegeben, und niemals wird es einer dahin bringen. ... Wohl aber bringt es ein Heiliger dahin, daß ihn nichts von Gott abzubringen vermag, so daß, obzwar das Herz gepeinigt wird, ... der Wille doch einfaltiglich in Gott verharrt und spricht: ‚Herr, ich gehöre Dir und Du mir!‘ Was immer dann in solch einen Menschen einfällt, das behindert nicht die ewige Seligkeit, dieweil es nicht den obersten Wipfel befällt dort oben, wo er mit Gottes allerliebstem Willen vereint steht.“ (Predigt 28)

Wir mögen äußerlich, an Leib und Seele verletzt, erschüttert oder geradezu vernichtet sein, aber im Kern, im Wipfel unseres Wesens, das ist im Lichte des ICH-BIN, bleiben wir allzumal unbewegt. Unsere inneren und äußeren Sinne sind nichts als Zuschauer auf der Bühne des Lebens. (Sutra 11: *Presakani Indriyani* – „Die Sinne eines Yogi sind die Zuschauer (seiner Erfahrungen und Handlungen)“.

Sutra 34: *Tadvimuktastu Kevali.*

"Frei von allen äußeren Einflüssen ist er weitgehend all-eins und verweilt im Licht bzw. der Einheit des Selbst.“

Wer von allem Kreatürlichen abgeschieden ist, ist wahrlich „Allein“.

Sutra 35: *Mohapratisamhatastu Karmatma:*

"Wer aber den Mächten der Täuschung erliegt, der ist in gute und schlechte Taten verwickelt.“

Sutra 36: *Bheda-tiraskare Sargantara-karmatvam.*

"Wo Unterschiedlichkeit (bedha) im Bewußtsein des Yogi zu wirken aufhört (überwunden ist), erwächst in ihm die Macht zu einer neuen Schöpfung."

Sutra 37: *Karanashaktih Svato'nubhavat.*

"Er erfährt die Fähigkeit, aus eigener Kraft heraus zu erschaffen."

Sutren 36 und 37 verweisen auf die Überwindung von *Kala* und das Wiedererlangen der unbegrenzten Schaffensmacht des verwirklichten Yogi. Wer dort angekommen ist, hat weder Wünsche noch Bedürfnisse noch ein strebendes oder projizierendes Ego. Sein Wesen ist Fülle und Enthaltsamkeit. Wohl vermag er seine eigene Welt zu erschaffen, würde sich aber darin – in der Verantwortung, sie zu erhalten – erneut binden. Nur zur Erfüllung reiner göttlicher Intentionen würde er sich dazu herablassen, solches zu tun. In der Regel aber verweilt er in der Haltung des Nicht-Tuns oder Wu-Wei.

Sutra 38: *Tripadady Anuprananam.*

"Wer sich an der Wurzel der drei Zustände (Tripadady) verankert hat, der wird beständig vom überbewußten Zustand – Turiya und seiner Svatantrya Shakti, die alles mit Segen durchwirkt – neu belebt."

Der Begriff "Tripada" – "drei Zustände" – bezieht sich auf die drei Zustände von Manifestation (Sristi), Erhaltung (Sthiti) und Wiederauflösung (Laya), wie sie nun insbesondere auch im Individuum in Form von äußerer Orientierung an Gegenständen, im Interesse an Gegenständen und in der inneren Ablösung (Desinteresse) von ihnen, aber auch in den drei Zuständen von Wachheit, Schlaf und Tiefschlaf, erfahren werden, wobei Turiya der transzendentale ist, erfüllt mit überschwenglicher Glückseligkeit, die ihre Wonne in alle drei einfließen läßt und alle Aspekte oder Verkörperungen des individuellen Selbst (Anu) mit Energie auffüllt und vitalisiert (Prananam).

Sutra 39: *Cittasthitivat Shrira-karana-bahyesu.*

"Wie im unveränderlichen Geist, so sollten die drei Zustände im Körper, den Sinnesorganen und den äußeren Dingen der Umgebung von ihrem oberen Zustand (Turiya) angeführt sein (und vom Segen der transzendentalen Ebene belebt werden.)"

Das Vijnanabhairava fügt hinzu: "Man sollte das ganze Universum als den eigenen Körper ansehen, der mit dem Segen des Selbst gefüllt ist, der wie Nektar aus den Brunnen des reinen Gewahrseins fließt." (Vers 65) (Siehe auch I, Sutra 14)

Sutra 40: *Abhilasat-bahirgatih-samvahyasya.*

"Aufgrund von Verlangen und Wünschen entsteht die Extraversion des empirischen Individuums (Samvahya, Jiva), das hierdurch von Geburt zu Geburt gezogen wird."

Sutra 41: *Tadarudhapramites-tatksayaj Jiva-samsksayah.*

"Für den Yogi, der fest in Turiya oder dem transzendenten Zustand verwurzelt ist, endet seine Existenz als empirisches individuelles Selbst mit dem Ende des Verlangens."

Sutra 42: *Bhuta-Kancuki Tada-vimukto Bhuyah Patisamah Parah.*

"Wer von Verlangen vollkommen frei ist, gebraucht seinen grobstofflichen Körper (Bhutas) als bloße Bedeckung, so daß er als Befreiter (Vimukta) – gleich Shiva – die Fülle transzendentaler Vollkommenheiten erfährt."

Sutra 43: *Naisar-gikah Prana-sambandhah.*

"Die Verbindung der universellen Lebenskraft (mit dem Körper) ist natürlich."

Das heißt: Sie beschränkt nicht, noch ist sie vermeidbar.
"Die Lebenskraft manifestiert sich im Individuum in dessen Ein- und Ausatmung als Prana und Apana. Sie fließt aus dem Herzen und versorgt den Körper mit Leben. Daher ist sie als Prana bekannt."
(Svacchanda Tantra, VII, 25)

Sutra 45: *Bhuyah-syat Patrimilanam.*

"In solch einem Yogi (der sich im Zustand höchsten ICH-Bewußtseins befindet) herrscht – innen wie außen – beständig das Gewahrsein des Göttlichen vor."

"O Devi, wenn man sich in Unmana niederläßt, muß man sein Selbst dort fixieren. Wenn der Atma dort befestigt ist, wird es Das."
(Svacchanda Tantra)
Wie bereits weiter oben gesagt, sieht der Siddha (Vervollkommnete) zwischen Innen und Außen keinen Unterschied; er erfährt vielmehr das ganze Universum – innerlich wie äußerlich – als seinen eigenen Körper. Er sieht alles und jedes als Teil seiner selbst, als eine Manifestation von Shakti, wie Shiva, das Höchste Bewußtsein selbst.
Neben der natürlichen Wonne seines Sahaja Samadhi erfährt er immer wieder alle Arten spiritueller Entzückung (Bhavah).
"Genauso wie eine entfachte Flamme, die rein und strahlend aus ihrem Grund empor gestiegen ist, nicht mehr darin zurückkehrt, so hat das Selbst, das aus Saddhava aufsteigt und von allen Malas befreit ist, alle Sorgen und alle Aufregungen des Lebens hinter sich gelassen. Auch wenn der Yogi noch in der Welt bleibt, ist er nicht an ihre

Bedingungen gebunden. Er verweilt stets in vollkommener Reinheit und Losgelöstheit." (Svacchanda Tantra, X, 371 - 372)

2. 3. 2 Summa

Die Schöpfung kann wie ein umgekehrter Baum betrachtet werden, der im transzendentalen Grund von Ajin Sof, Anuttara oder der Höchsten Wirklichkeit, d. h. in Parama Brahman, Cit oder Parasamvit, wurzelt.

Er wächst aus dem Grund Brahmans, entfaltet seinen Stamm in Form von Mahashakti und breitet seine Zweige der konstitutiven Schöpfungsprinzipien (Shaktis, Tattvas, Logoi, Archai) über die vier Welten von Para, Pashyanti, Madhyama and Vaikhari vom Himmel herab aus zur Erde. Miteinander weben sie den Schleier von Maya und bringen die Vielzahl der lebenden und leblosen Wesen hervor.

"Wie der große Banyanbaum als reine Möglichkeit in seinem Samen enthalten ist, so ruht das ganze Universum samt allen beweglichen und unbeweglichen Wesen als reine Potenz im Herzen des Allerhöchsten." (Paratrimsika 24)

Das Universum ist also nichts als eine Entfaltung (Unmesa) oder Ausdehnung (Prasara) des Höchsten Bewußtseins (Cit) und Seiner Energie (Cit-Shakti oder Citi). Wie Maheshvarananda sagt: „Er, Shiva, Selbst, in der überschwenglichen Blüte seiner Glückseligkeit (des Selbst-Gewahrseins) (Cidananda), der, von den drei Aspekten Seines Herzens, Iccha (Intention), Jnana (wache Erkenntnis) und Kriya (Handeln) hervorgelockt, sein Antlitz zur Betrachtung Seines eigenen verborgenen Glanzes erhebt, wird Shakti genannt." (Maharthamanjari, Trivandrum Edition p. 40)

„Wenn Er zu der Absicht (Unmukhata) gelangt, Seine im Dunkeln ruhende, in Seinem Herzen (in der Form eines Keims) verborgene Pracht des Universums zu entrollen, dann wird Er als Shakti bezeichnet." „Die durch (Shivas) ausfließende Glückseligkeit emporgetragene oder aufsteigende Shakti geht in Manifestation über." (Ksemaraja in Utpaladeva's Stotravali) Alle Manifestation ist ein

Prozeß der Selbsterfahrung des schöpferischen Gedankenvermögens Shivas oder des Selbst.

Mit der Aufspaltung der einen Wirklichkeit (Cit, Aham-Vimarsha) in die Polarität von Shiva und Shakti, bzw. Purusha und Prakriti, Subjekt und Objekt, dem Erfahrenden und dem Erfahrenen, beginnt der eigentliche Weltprozeß und seiner Evolution. Diese hier zur Entfaltung kommende Ebene wird Bhedabhedavimarshanatmaka oder Unterschiedenheit-in-der-Einheit genannt. Damit bestimmt sich die Schöpfung als Selbstoffenbarung Gottes, die sich innerhalb Seines allumfassenden Bewußtseins erhebt, ausweitet und wieder auflöst. Gott selbst behält Gott in der Form der Emanation Seiner göttlichen Qualitäten und Attribute, die Seine verborgene Pracht auf der Bühne von Zeit und Raum offenbaren.

Das Leben des Menschen als Sein Abbild erblüht und entfaltet sich in Seiner Entsprechung. So erfährt der Mensch seine eigene Seele, die sich in ihrer Essenz nicht vom reinen Bewußtsein unterscheidet, als Bühne, auf der Gott Sein Drama des Verbergens und Enthüllens, von Illusion und Erkenntnis veranstaltet. Er Selbst ist es, der die Fülle Seiner Göttlichkeit in uns erfährt, offenbart und verwirklicht. „Das ganze Leben ist ein Spiel des Bewußtseins."

Im Bild des Baumes bleibend erkennen wir, daß nicht nur seine Wurzeln in Brahman verankert, sondern der ganze Baum sich innerhalb Seiner Unendlichkeit entfaltet. Das Licht des reinen Bewußtseins Brahmans durchdringt und umfaßt ihn ganz und gar, und jede individuelle Kreatur ist darin gebettet wie ein Fisch im Wasser oder ein Vogel in der Luft. Wurzel, Stamm und Krone des Baumes sind aus den konstitutiven Prinzipien, den Tattvas, Logoi oder Archai, gebildet, und von Cit-Shakti durchflossen. In der Tat ist es vielleicht treffender, das Universum als Phantom-Bild in einem Spiegel zu betrachten. Es ist eine Projektion von Citi auf den Bildschirm des Bewußtseins Brahmans (=Cit).

Aus rein energetischer Perspektive manifestiert sich der Schöpfungsakt in der Form von Klang oder Schwingung, manchmal Nada Brahman oder Spanda genannt, und bildet einen polaren Prozeß komplementärer Natur. Seine zwei Aspekte von Vacaka und Vacya

(Wort und Objekt) haben eine Parallele im dualen Charakter der physischen Materie, wie sie in der komplementären Form von Welle und Korpuskel erscheint. Als komplementäre Aspekte bilden sie dennoch eine Einheit.

Jedes erschaffene Ding besteht aus einer Komposition von Buchstaben oder Schwingungsprinzipien (der Matrika) in der Form eines Gedankens, Wortes oder Namens. Wer die schöpferische Shakti in der Wurzel seiner Seele erweckt, indem er ihre Klangschwingung, die im Bija-Mantra vibriert, nutzt, kann ihren Projektionseffekt umkehren und dadurch von der Ebene von Maya zur Sphäre ihres Ursprungs im reinen Gottesbewußtsein aufsteigen. Darin liegt die Macht des schöpferischen Gedankens wie des Mantra, daß es durch seine Invokation die in ihm verborgene Essenz von Matrika enthüllt. Die Mantren, die die offenbarende und alles transformierende Gnade Gottes invozieren und die Macht Seiner Citi (Logos und Heiliger Geist) herabrufen, werden Cetana- oder Chaitanya-Mantren genannt. Sie alle haben in Bijas wie „So-ham" (Das bin ich), „Ham-sah" (Ich bin Das) und „Om" ihren Ursprung; sie alle enthalten den Bindu, der den allerersten Punkt (Nekudah Rishunah) als die eigentliche Wurzel und kontrahierte Essenz der gesamten Schöpfung in Form von Parama Shakti oder dem Logos darstellt.

Wir können sagen, daß die Bija- oder Chaitanya-Mantren Heilige Worte oder Namen des Göttlichen sind, die den höchsten Stand reinen Bewußtseins (Cit) in Form der ursprünglichen Einheit von Shiva und Shakti in uns erwecken. Erfüllt von Citi haben sie die Kraft, den individuellen Geist (Citta), der selbst von der Natur Citis ist, bei ihrer Kontemplation in reines Selbst-Gewahrsein zu erheben. Sie lassen den individuellen Geist zur Höchsten Wirklichkeit von Cit als dem Quell und Ursprung, fons et origo, von allem – Schöpfung (Jagat), Mantra und Geist (Citta) – aufsteigen, wobei er in ihr aufgeht und der Ruhelosigkeit des Schöpfungsprozesses von (universellem und individuellem) Vikalpa ein Ende bereitet. In der glückseligen Einheit von Shiva und Shakti, die von der Natur reinen Aham-Vimarshas oder „Aham-Brahmasmis" ist, findet die ganze Schöpfung

– Projektion, Strebung, Erhaltung und Auflösung, ihre endgültige Bestimmung, ihre Erfüllung und ihren Frieden.

Wie ein Chaitanya Mantra besitzt jede Lehre, Offenbarung, Philosophie und Religion, die aus der Wahrheit selbst ist, diese Kraft von Affirmation, Transformation und Verwirklichung. Wer darüber reflektiert, ihre Erkenntnisse bedenkt und im eigenen Leben umsetzt, wird zweifellos Befreiung (Moksha) finden.

So jemand die volle Erkenntnis von Matrika-Shakti erlangt hat, vermag er, von der Befreiung (Moksha) zur Ebene von Suddha Vidya aufsteigend, gleich JHWH und Seinem Christus, selbst die göttliche Herrschaft des Logos in Form des kollektiven Ganzen der konstitutiven Prinzipien (Tattvas) und ihrer Shaktis erlangen.

Wenn die Bibel vom Menschen als dem geschaffenen Ebenbild Gottes spricht, so bezieht sie sich auf seinen göttlichen Ursprung und seine göttliche Natur als Einheit von Shiva und Shakti mit dem Ziel, seine innewohnende Göttlichkeit zu erkennen und zum Gleichnis Gottes aufzusteigen. Wir lesen:

„Und Gott sprach: Laßet uns einen Menschen schaffen nach unserem Bild und uns gleich (nach unserem Gleichnis). Er soll Macht haben über alle lebenden Wesen …

„Und Gott schuf den Menschen nach Seinem Bild, nach dem Bilde Gottes schuf Er ihn, männlich-weiblich schuf Er ihn." (Bereshit / Genesis 1. 26 - 27)

„Männlich-weiblich" bezieht sich auf seine wiederhergestellte androgyne Natur im Bild und Gleichnis der Einheit von Shiva und Shakti, welche vom ersten Anfang an in ihm manifest ist, jedoch durch die fälschliche Identifikation mit seiner geschaffenen Form lange verdeckt war. Die angestrebte „Gleichheit" bezieht sich auf einen Zustand göttlicher Vollkommenheit und Vollendung, der aus dem uns in der Seele innewohnenden Samen aufgehen und sich verwirklichen möchte. Die gesammelte Ausrichtung auf unseren Ursprung in Gott, die Invokation Seiner Shakti in unserer Seele und die geduldige Ausdauer in der Selbst-Erkenntnis bilden den direkten Weg dahin. Im tieferen Sinne ist es die Gnade Gottes, die

Offenbarung und Wirkung von Anugraha- oder Cit-Shakti, die diese Verwirklichung zu ihrer Zeit mit sich bringt.

Der Aufstieg von Moksha zu Suddha Vidya bringt die höchstmögliche Erkenntnis und Herrschaft im Gleichnis Gottes mit sich. Wer diese Ebene erreicht hat, ist nicht länger eine Schöpfung nach dem Bilde Gottes, sondern zu einem göttlichen Wesen und Mitschöpfer Gottes nach „Seinem Gleichnis" geworden. (vgl. Bereshit, 1. 26 – 27)

Literatur:

The Chhandogya Upanishad, Translation and Commentary by
Swami Krishnanada, Divine Life Society
Pratyabhijnahrdayam – The Secret of Self-Recognition,
English Translation, Notes and Introduction by Jaideva Singh
Siva-Sutras – The Yoga of Supreme Identity
English Translation, Notes and Introduction by Jaideva Singh
Spanda Karikas – The Divine Creative Pulsation
English Translation, Notes and Introduction by Jaideva Singh
Vijnana Bhairava – Das göttliche Bewußtsein
English Translation, Notes and Introduction by Jaideva Singh
Maharishi Haritayana: Tripura Rahasya – The Mystery beyond
Trinity
The Ribhu Gita, Sri Ramanasramam, Tiruvannamalai
André Padoux (Ed.): Vac – The Concept oft the Word in Hindu
Tantras
Arthur Avalon (Sir John Woodroffe): Shakti and Shakta
Arthur Avalon (Sir John Woodroffe) (Ed.): Mahanirvana Tantra –
The Great Liberation
Arthur Avalon (Sir John Woodroffe): The Garland of Letters
Elias Johannes Benedikt: Der Logos und die Dialektik von Sein
und Werden
„ - „ : Was ist die Seele? Betrachtungen zum Wesenskern
des Menschen
„ - „ : Metaphysik der Herzenserkenntnis
„ - „ : Sein und Erkenntnia – Aufstieg zur
Vollkommenheit, 2 Bde.

Über den Autor

Elias Johannes Benedikt, Dr. phil., geb. in Wien. Studium der Philosophie, Mathematik und theoretischen Physik an den Universitäten Wien und Stuttgart. Mehrere Jahre in Forschung und Lehre mit Schwerpunkten „Applied Theory of Dynamic Systems", Bildungs- und Raumplanung. Gleichzeitig Ausbildung in Gestaltarbeit und eidetischer Wahrnehmungsschulung bei Werner Arnet.

Beendigung der akademischen Laufbahn und – einem initiatischen Impuls folgend – Beginn der freischaffenden Beratungs- und Lehrtätigkeit.

Ab 1980 Seminar- und Vortragstätigkeit in den deutschsprachigen Ländern, Israel und Indien mit den Schwerpunkten *Jüdisch-christliche Mystik und platonische Philosophie* und *West-östliche Weisheitstraditionen*. Begleitung von Menschen in ihrer Suche nach Gott und Selbst.

Diverse Publikationen im Bereich Systemforschung, Philosophie, Spiritualität und Religion. Hauptwerke: *Die Kabbala als jüdisch-christlicher Einweihungsweg*, 2 Bde., Ansata (12. und 6. Aufl.); *Spirituality versus Religion*, Lotus Publication; Zahlreiche unveröffentlichte Vorträge und Aufsätze zur Friedens- und Bildungsarbeit, zu Ethik, Mystik und Metaphysik, platonischer Philosophie und Grenzgebieten der Wissenschaft.

1995 Gründung und Leitung eines Ashrams in Savroli bei Ganeshpuri, Maharashtra, Indien, unter dem Patronat von S. H. Swami Chidananda. Von 2003 bis 2010 weltweite Aktivität im interreligiösen und interkulturellen Dialog, insbesondere im Nahen Osten; Von 2003 bis 2009 Direktor der „Jerusalem Peace Academy". Von 2006 bis 2010 Vize-Präsident des von Prof. Ervin László gegründeten „Club of Budapest, Deutschland".

Lebt in Wien, Zürich und Tel Aviv; wirkt heute vorwiegend als Lehrer spiritueller Verwirklichung, reiner und angewandter Philosophie, sowie als Vermittler geistiger Heilung (www.universelle-kabbala.com).